AF436519

Celeste Bruno

Milano Bang Bang

◆

"i Mastini della Mobile"

COLLANA
di
CRONACA NERA

EDIZIONI WE

PRECISAZIONI

L'opera è frutto della fantasia dell'autore anche se associata a fatti ed eventi realmente accaduti, utilizzati per nutrizione letteraria.

I riferimenti ai personaggi "reali" associati a quelli eventualmente "di fantasia" devono ritenersi "casuali" e non necessariamente contestualizzati temporalmente.

ISBN 979-12-5497-200-7

©2025 Edizioni WE di Nicola Bergamaschi
Via Paulli 10/A – 26015 – Soresina (CR)

www.clickpertutti.com
www.edizioniwe.com
www.facebook.com/edizioniwe
www.instagram.com/edizioniwe
info@edizioniwe.com

Prendere a cuore le cose
è il modo di agire del vero detective.
L'unico che esista.
(Harry Bosch)

PREFAZIONE
di Celeste Bruno – Commissario PS

La collana "i Mastini della Mobile" potrebbe rappresentare, per esposizione e tematiche, la prosecuzione quasi naturale di un'opera letteraria di fine anni settanta, scritta da "Felisatti e Pittorru" da cui venne tratta una serie televisiva di successo "Qui Squadra Mobile".

Il protagonista de "I Mastini della Mobile", alter ego dell'autore, è un ispettore della "Omicidi" della Squadra Mobile di Milano, nato sotto il segno zodiacale della Bilancia che passa, con disinvoltura, dai quartieri più malfamati, alle vie del lusso e della cosiddetta "Milano da bere", senza mai perdere il suo istinto.

Gli intrecci, riportano o si ispirano a fatti di cronaca nera e retroscena investigativi, introspettive dei vari partecipi e le gesta del protagonista, il barese Nicola Violante, detto "il Mastino" da cui la denominazione genericamente affibbiata a tutti i componenti della squadra "i Mastini della Mobile " .

Nei narrati, l'autore, sceglie di dare poco spazio alle sfumature personali legate alla sfera privata, per dare voce, diffusamente, alle specifiche sociali e investigative affrontate, così come avviene nella realtà, annullando o discostandosi dal cliché tematico, spesso utilizzato da diversi scrittori, che vuole il poliziotto un po' oscuro, con manifeste difficoltà esistenziali e relazionali, vizi o patologie estreme, un passato da nascondere o verità da celare.

Qui vige la normalità degli esseri perché nella vita tali loro sono e salvo casi occasionali o eccezionali, la vita privata poco o nulla deve incidere sulla loro operatività professionale.

I nomignoli, affibbiati amichevolmente a ognuno di essi dagli stessi componenti la "squadra" vengono profferiti solo in talune occasioni di svago o di tensione, comunque sempre in forma goliardica e mai offensiva, quindi non per menzionarli o identificarli, in quanto gli stessi abitualmente si chiamano per nome, proprio per la confidenzialità che si instaura nella squadra, condizione a cui Nicola Violante tiene particolarmente per armonizzare e limare le caratterialità all'interno dell'ambiente operativo.

Per completezza di informazione si evidenzia che la "Omicidi" è una componente organica alla sezione "reati contro la persona" che si occupa anche di violenze; sequestri di persona, scomparse anomale, sfruttamento della prostituzione, riduzione in schiavitù e tratta di esseri umani.

Celeste Bruno

INTRODUZIONE

Il genere poliziesco: l'elemento fondamentale di una detective story è la soluzione di un mistero, i cui elementi sono presentati in maniera chiara all'inizio della storia e la cui natura è tale da suscitare la curiosità del lettore, che viene ripagata alla fine.

Gli elementi principali che contraddistinguono il *poliziesco* sono: un delitto - di qualsiasi natura - compiuto o in corso; uno o più investigatori; le indagini sul crimine svolte anche con sistemi scientifici; lo scioglimento finale dell'intreccio.

In ambito anglosassone ci si riferisce a questo particolare ed ampio sottogenere del *giallo* con il termine *detective fiction* o *detective story*.

Volendo applicare una suddivisione netta fra i sottogeneri del *giallo*, appartengono al filone del *poliziesco* tutte le storie d'indagine con un antefatto delittuoso e con un'attività di ricerca per scoprirne l'autore.

Milano
Bang Bang

*L'investigatore non deve mai
innamorasi di un'idea o di una pista,
ma esplorare ogni ambito,
senza condizionamenti o preclusioni.*
(Celeste Bruno)

INCIPIT

Si sentivano tutti indiani metropolitani, milanesi quasi puri, accomunati da uno slang dialettale lombardo intriso di cadenze e termini pugliesi, siciliani, napoletani e calabresi.

L'autobus dell'Atm, si era fermato sul lato opposto della strada, poi erano partiti i primi colpi e tutti, autista e passeggeri, si erano distesi sul pianale.

Le armi dello scontro giacevano disseminate per la strada.

All'interno del gabbione, in aula, i ragazzi, tutti insieme, a volte sorridevano. Non per ironia o per sfottò, ma perché loro erano così… solari.

Dopo l'arresto di un serial killer, i colleghi, amabilmente,

gli avevano affibbiato il nomignolo di "Mastino",

rifacendosi alla vasta eco dei titoli e dei reportage giornalistici.

La risposta del Mastino fu secca:

«Noi la legge la osserviamo, non la confezioniamo».

I

Quel pomeriggio di sabato, il parchetto ricavato all'interno dell'area "Tre Castelli" di fronte alla chiesa, pullulava di ragazzi e ragazze. Un'altra decina, divisi in due squadre, giocavano a calcetto. Ragazzi del quartiere, cresciuti insieme mentre mamma e papà trascorrevano le loro giornate al lavoro; tutti con una quantità di sogni, progetti e aspettative. D'altronde vivevano nella grande Milano, seppure nella periferia, e di questo erano ben consci.

Una ragazza era seduta nel prato con il suo cane e alcune amiche; più in là gli altri, tutti intorno ai porticati disseminati tra il numero uno e il nove della via, con tanto di biciclette, motorini, cani e cuffie al seguito.

I loro padri li guardavano dalle finestre o dai balconi con apparente indifferenza. Il valore di quella scena di vita quotidiana risiedeva nell'assoluta normalità.
La spensieratezza e la gioiosità dei figli li riportava con la memoria a quando, circa trenta anni prima, erano giunti nel quartiere, anche loro carichi di sogni che in parte avevano poi esaudito o trasferito ai figli, che ne sentivano a volte l'incombente peso.
Erano gli anni della forte industrializzazione e dal sud arrivavano a frotte gli immigrati.

In quel quartiere sin dal 1975, si erano ormai ambientati e ora che l'attenzione si era spostata verso gli stranieri, sempre più presenti tra Milano e hinterland, si sentivano tutti indiani metropolitani, milanesi quasi puri, accomunati da uno slang dialettale lombardo intriso di cadenze e termini pugliesi, siciliani, napoletani e calabresi.

I figli, che il milanese lo masticavano sicuramente meglio, erano i loro primi critici e detrattori, li accusavano di non essersi saputi adeguare ai tempi: ma questa era solo una scusa, in realtà lo scontro generazionale verteva su problemi molto più concreti che non fossero gli atteggiamenti un po' rudi ma anche semplici delle madri e dei padri.

La folta compagnia giovanile si spostava, alla fine del pomeriggio, verso il bar del centro commerciale Tre Castelli per la così detta ora dell'aperitivo, un rito sempre più in voga in tutta la metropoli, un'occasione per fare conoscenza o per mettersi in mostra nei locali di tendenza.

Diversi giocatori impegnati sul campo di calcetto si tolsero la maglietta madida di sudore e iniziarono a commentare l'esito della loro performance, scivolando poi su commenti più generali legati agli imminenti impegni delle due squadre cittadine, Inter e Milan e della onnipresente Juve.

Infatti, ogni volta che vi erano importanti partite di coppa, ai balconi comparivano le relative bandiere e i ragazzi avversari non perdevano occasione per urlare frasi di sfida o insulti all'indirizzo dell'amico che esponeva lo stendardo, specie in caso di pessima riuscita dell'incontro.

Questo il panorama del quartiere, tutto sommato tranquillo.

Era il 9 maggio.

Pino Guglielmino si svegliò presto quella mattina.

Sudava freddo, quasi avesse la febbre, nonostante il tepore della stagione. Si sentiva spossato.

Andò all'armadietto e lo spalancò. Vide le sacche, un borsone, una valigetta, alcuni marsupi. Sapeva che cosa contenevano ma non volle guardare più da vicino. Guadagnò il bagno e si buttò in viso dell'acqua fresca. Sentì gli schizzi come stilettate. Aveva paura. Malgrado tutto, aveva paura. Si era messo in casa un arsenale, con la promessa di denaro o chissà cosa ancora. Non aveva visto i soldi e non si sentiva un guerriero della notte e per la verità neanche del giorno, in una metropoli che a lui appariva sconosciuta.

Eppure lui ci viveva, nella metropoli.

Si ributtò sul letto, tra l'agitato e lo sconvolto e si riaddormentò assorbito dai suoi incubi tenebrosi. Pensò alla sua ex ragazza finlandese e forse la sognò.

"Nazza" Calajò,[1] a bordo della sua Alfa, quello stesso pomeriggio, percorreva sicuro il lucido asfalto autostradale diretto a Milano. Strada facendo venne chiamato al telefonino dal fratello Salvo Calajò detto Jawo. Poi chiamò la moglie. «Sto arrivando, ancora una mezz'ora e sarò a Milano. Fatti trovare a casa dei miei. A dopo.»

Più o meno a quell'ora Claudio Cagnetti,[2] era giunto a Milano con la sua fidanzata Vanessa,[3] una bella ragazza di via Parenzo. Avevano pernottato, la sera precedente, in un hotel di Sanremo dove erano giunti contestualmente a un'altra coppia di Gaggiano.

---

[1] Nazzareno Calajò cresciuto in via Pepere nel quartiere Ludovico il Moro alla Barona, dopo i fatti di viale Faenza, per cui venne perseguito insieme a Claudio Cagnetti e diversi altri, ha esteso la propria egemonia anche sulle zone Gratosoglio, Baggio e Quarto Oggiaro, collezionando una serie di imputazioni per associazione a delinquere finalizzate al traffico di stupefacenti. Nel settembre 2024, è stato condannato a 17 anni e 9 mesi con rito abbreviato. I suoi difensori hanno preannunciato ricorso. Le sue gesta hanno trovato spazio anche in alcuni testi di rapper milanesi. Poche ore dopo la sentenza, uno di questi, cresciuto alla Barona, conosciuto per "Rame" – Mattia Di Bella - in segno di solidarietà, sfoggerà una t-shirt con una vistosa scritta "Verità per Nazza".

[2] Claudio Cagnetti, da sempre al fianco di Nazzareno Calajò, è ritenuto uno dei capi storici del sodalizio criminale operante nella zona " Barona" denominato originariamente "Gli Spagnoli" poiché si recavano spesso, anche da ricercati, in quello Stato. Proprio a seguito della sparatoria di viale Faenza, la GdF avviò una indagine parallela a quella della Polizia di Stato, culminata nella operazione antidroga denominata " El Nino" con il sequestro di circa 400 chili di cocaina, ordigni esplosivi e armi. Nella stessa inchiesta emerse anche Francesco Perspicace, anch'egli coinvolto nella sparatoria.

[3] Non coinvolta nei fatti di cui al narrato.

Pino Guglielmino si risvegliò che era pomeriggio inoltrato e vista l'ora si fece forza. La doccia quasi fredda, un paio di jeans, una maglia e le Nike ai piedi, quindi la corsa nel cortile. Salì sulla sua Renault Clio nera e prese la strada, deviò in direzione Buccinasco, quindi il portico del centro commerciale Tre Castelli, nel quartiere Ludovico il Moro, alla Barona.
Incontrò gli amici e soprattutto loro, quelli a cui guardava con più intensità.
Sentì le parole e si rincuorò. «Alle sette in punto al parchetto qua davanti, dopo va' a casa e per l'ora che sai porta i sacchi con quella roba. Sarai tu a distribuire il materiale. È a te che guarderanno tutti.»
Pino Guglielmino si sentì rianimato e non pensò più a nulla. Lui era uno che doveva esserci!

Erano all'incirca le diciannove di quel sabato 9 maggio, quando alcuni dei provetti calciatori e altri loro amici si ritrovarono alle panchine in pietra del vicino parchetto di via Pepere, quasi di fronte al lato sinistro del campetto.

Qui tenevano banco Calajò e Cagnetti, osservati dai molti ignari spettatori che a quell'ora cercavano un po' di frescura appoggiati alle ringhiere dei balconi dei palazzi della stessa via e della vicina via Crivelli.
Quella specie di simposio durò all'incirca tre quarti d'ora, poi tutti si salutarono, rientrando nelle rispettive case che erano tutte sparse lì intorno.

Nazza Calajò era praticamente cresciuto in un appartamento del palazzo di fronte, per poi spostarsi nella zona di corso Lodi, solo quando si era sposato.

Claudio Cagnetti invece era del Lorenteggio, ma aveva preso a frequentare con sempre più insistenza la zona, sentendola sua al pari degli altri e andandosi a fidanzare con una del quartiere.

Le loro famiglie, padri e madri senza particolari grilli per la testa, avevano cercato di seguire i rispettivi figli al meglio delle loro possibilità e i due ragazzi ne erano consapevoli. Ma loro nella Milano che conta ci volevano stare, e per starci non bastavano i discorsi dei loro vecchi, come li definivano in gergo.

Nazza e Claudio erano i personaggi di spicco, quelli già noti in certi ambienti e agli "addetti ai lavori", mentre tutti gli altri erano semplici compartecipi, soldati mai arruolati in un esercito senza bandiera con la pretesa di divenire una band, con suoni e testi tutti dissonanti. Ognuno di loro aveva una testa e i due capetti cercavano di aggregarli per i loro fini di grandezza, che erano poi quelli di tutti.

Certo i due non erano degli sprovveduti e alla loro leadership ci tenevano, anche perché potevano contare su molti giovincelli della zona, all'incirca una ventina, fra partecipi e aspiranti tali, e su appoggi di personaggi di qualche rilievo nella mala milanese e in quella siciliana. Alla polizia questi appoggi risultavano più o meno tutti. Calajò aveva contatti con un clan siciliano con radici profonde a Milano, con investimenti in locali e negozi nelle zone più centrali; Cagnetti era già stato accostato a personaggi di rilievo individuati nell'inchiesta sull'autoparco di via Salomone, riconducibile ai clan mafiosi catanesi.

Anche le "baronelle" – molte delle quali sicuramente consapevoli, anche se non del tutto prese nell'ingranaggio criminoso – facevano parte della compagnia. Forse, romanticamente, pensavano a una sorta di gioco alla "bulli e pupe".

Pino Guglielmino fu meticoloso. Riguadagnò per tempo la strada di casa.

Ripose le armi in una sacca, poi raccolse un po' di proiettili e li mise in una specie di marsupio.

Vide la valigetta con all'interno un mitra, lo prese, non si sapeva mai.

Lasciò le sei pistole con tanto di silenziatore innestato e le relative munizioni e un'altra grossa pistola, una 9 x 21 con il caricatore pieno e almeno un'altra mezza dozzina di caricatori, tutti calibro 9.

Era già abbastanza. Uscì dalla sua casa di Assago e caricò tutto sulla sua Clio nera, dirigendosi verso il quartiere. Poco dopo le 21:00 di quel 9 maggio, si trovava al parchetto con lo sguardo al cofano della sua Clio carica di meraviglie, parcheggiata dietro all'edicola di via Pepere.

Nei pressi era già posizionato il furgone Mercedes telonato, utilizzato per il ritiro della biancheria sporca e sul cassone, poco dopo, Pino Guglielmino ripose le sacche e la valigetta. A lui avevano detto che a recuperare e posizionare il mezzo era stato un loro amico. Poi attese l'arrivo di tutti gli altri.

Massimo Mazzanti,[4] infilò la cassetta vhs nel videoregistratore e si lasciò sprofondare nel divano vicino alla sua ragazza, incinta di tre mesi.
Il cane lupo del fratello Ugo entrò nella stanza, ma lui l'allontanò prendendolo per la testa e giocandoci un po'. Il primo fotogramma del film non era ancora partito quando il citofono suonò.
Rispose la madre. «Vogliono te, Massimino, dev'essere il grosso!»[5]
«Sì, va be'», fece il ragazzo in risposta, «scendo un attimo ma torno subito, aspettatemi per l'inizio del film.» Erano da poco passate le 21:00, era sabato e si stava facendo scuro.

Flavio,[6] più o meno alla stessa ora, era appoggiato al muretto del giardinetto condominiale, sotto casa sua, abbracciato alla sua ragazza, una di via Crivelli e scherzava con altri ragazzi e amici, tutti abitanti in zona.

---

[4] Cresciuto nel medesimo quartiere parteciperà alla sparatoria di viale Faenza ove verrà ferito. Più recentemente, nel processo di primo grado del settembre 2024 per traffico di stupefacenti e detenzione di armi, in concorso con Nazzareno Calajò e altri, verrà assolto.
[5] Davide Maccarone
[6] Flavio Sada

«Dove mi porti stasera?» fece la ragazza rivolta a Flavio.
«Magari a un pub o in discoteca» rispose lui, «sentiamo anche gli altri, poi vediamo!»

Intorno alle 22:30 del 9 maggio, in viale Faenza, tra il pub The Droughty Duck e la concessionaria d'auto, si erano dati appuntamento, una ventina di giovanotti, divisi in due gruppi.

Il primo, composto da quelli della Barona, capitanati da Nazza Calajò e Claudio Cagnetti, all'incirca una decina di persone. Dovevano essere anche di più ma pare che all' appello alcuni non si siano presentati.

Il secondo, giunti dal Corvetto, guidati da Christian Petrovic,[7] un ragazzone di ventitré anni grande e grosso, di via Osimo, tutto tendenza, discoteche e qualche seratina con le carte.

L'incontro, verteva su una presunta lite nata tra Christian e Loris Grancini, aggregatosi da qualche tempo a quelli della Barona: in contesa una bella "corvettara" di via Mompiani, tale Silvia di ventun anni. Una che faceva girare la testa agli uomini non appena entrava nel campo visivo con le sue scollature profonde.

---

[7] Cristian Di Paolo Petrovic figlio di Dragomir Petrovic noto per la strage del Moncucco in cui vennero uccise otto persone. Appartenente per ramo materno alle famiglie Di Paolo e Tallarico. A loro volta collegate ai Pittella e ai Bruno.

Ma nonostante la bellezza di questa nuova "Elena di Troia", la ragazza era solo un pretesto. L'averla tirata in campo era in realtà una macchinazione per concentrare le ire dei novelli cavalieri, tutti coesi a difendere l'onore, i primi per difendere la nuova "baronella" del gruppo dopo averla soffiata al nemico, i secondi per l'onore smarrito del guerriero amico.

L'onore, in effetti, nascondeva il vero motivo dell'adunata: la volontà di chiarire e delineare i rispettivi campi d'azione nello spaccio di stupefacenti nelle zone di appartenenza. Era quella la vera posta in gioco.

Infatti quelli della Barona venivano accusati di voler sforare nel territorio del Corvetto a loro volta accusati di spadroneggiare e di essere dei prepotenti.

Entrambi i gruppi erano rappresentati da padrini catanesi: "Aurelio"[8] per la batteria del Corvetto; "Carletto"[9] per quelli della Barona, con l'accordo, che l'incontro chiarificatore si sarebbe dovuto svolgere a parole e pacificamente. Almeno questo doveva significare la presenza dei garanti siciliani, gente che si supponeva esperta di quel genere di problemi.

Ma a quell'incontro, i ragazzi della Barona vollero giungere preparati e ci pensò Pino Guglielmino.

____

[8] Di Benedetto Salvatore detto Aurelio
[9] Cunsolo Getullio Carlo detto Carletto e Andrea

Calzati i guanti, distribuì le pistole mentre i ragazzi si recavano all'appuntamento nascosti nel buio del cassone telonato.

Gli venne passato un succo di frutta e lui lo bevve, senza neanche guardare chi glielo aveva porto. Un brivido gelido lo pervase nonostante la calda serata.

Nazza e Claudio fecero da apristrada con le loro auto, un'Alfa e una Volvo grigio scuro, seguiti a breve distanza dal furgone Mercedes telonato, con all'interno la gran parte del gruppo Barona. Altri giunsero con i propri mezzi.

Carlo, loro padrino, dopo aver concordato nel quartiere le fasi dell'incontro, li aveva preceduti, andando a parcheggiare la sua monovolume nello spartitraffico centrale della via.

Le due auto e il furgone telonato giunsero nei pressi della concessionaria e vi sostarono.

A Pino Guglielmino e a tutti gli altri nascosti nel furgone telonato, giunsero le voci concitate dei tanti presenti, in strada e davanti al pub "Drouthy Duck", poi grida sempre più alte, quelle di Loris Grancini e Mario Alba - uno degli uomini di Christian Petrovic - che si erano avvinghiati, lottando proprio davanti al locale.

Due colpi sordi al cassone del furgone, praticamente il segnale e subito la loro discesa, fulminea, con le armi in mano.

Qualcuno aveva gridato "ammazzalo bastardo" poi scariche di colpi, detonazioni, altre scariche, stridii di gomme, urla, fuggi fuggi, e subito dopo, le sirene.

L'autobus 47 dell'Atm, si era fermato sul lato opposto della strada, quasi di fronte al pub, mentre davanti al mezzo tre o quattro persone si picchiavano circondati da altri, almeno dieci – quindici persone, poi erano partiti i primi colpi e tutti, autista e passeggeri, si erano distesi sul pianale.

Il proprietario del pub già dalle prime detonazioni aveva calato la saracinesca, invitando i clienti a passare nel retro e mettersi al riparo.

Qualcuno, affacciato alle finestre, abbassò le tapparelle velocemente; altri fuggirono verso la via Voltri. Un gruppo di persone scappò verso l'ingresso del ristorante di fronte, sul lato della piazza Miani.

Intanto una Jeep Cherokee[10] di colore rosso e un'Alfa Romeo 164[11] di colore chiaro, si erano allontanate velocemente dal posto, quasi l'una a inseguire l'altra.

---

[10] Utilizzata da Di Benedetto Salvatore detto Aurelio referente del gruppo Corvetto
[11] In uso a Nazzareno Calajò

Da una primissima ricostruzione, emergeva che i colpi, sparati a ventaglio, avevano colpito la vetrata della pensilina ATM posta all'angolazione tra viale Faenza e via Benevento; la vetrina del pub, la saracinesca dell' adiacente tintoria; le vetrine della concessionaria auto "Car Zeta" e lo stipite di un negozio adiacente alla concessionaria, una autovettura Fiat Panda in sosta e il vetro finestra del bagno di un appartamento nella via.

Pino Guglielmino si era ritrovato attonito, ancora con i guanti chiari calzati, in un portone di via Taranto, tutto preso ad aiutare il suo amico Massimo Mazzanti, ferito e sanguinante da un polpaccio, entrambi bloccati su segnalazione degli inquilini.

Le ambulanze trasportarono Massimo Mazzanti, Loris Grancini[12] e Mario Alba[13] agli ospedali, questi ultimi due molto gravi. Su di loro infatti si doveva essere concentrato il fuoco dei contendenti.

Loris Grancini giunse prima all'ospedale San Paolo, per essere subito trasferito d'urgenza a quello di Legnano, con ferite traumatiche al capo causate da proiettili d'arma da fuoco.

---

[12] Partecipe alla sparatoria e gravemente ferito, verrà arrestato. Qualche anno dopo, nuovamente arrestato quale mandante del tentato omicidio di Massimo Merafina avvenuto in piazza Morbegno, caso anche questo, investigato da Nicola Violante. È inserito tra i capi della tifoseria juventina meneghina Viking.
[13] Incensurato all'epoca dei fatti.

Mario Alba, inizialmente anche lui trasportato al San Paolo, venne invece dirottato al San Matteo di Pavia, con ferite al torace nella regione postero laterale sinistra.

Entrambi finirono in rianimazione, lottando tra la vita e la morte.

Massimo Mazzanti, meno grave, venne condotto al Policlinico di Milano e si ritrovò a pensare diverse cose nel suo letto d'ospedale, piantonato dalle guardie e con un proiettile nella gamba.

Prima fra tutto cosa avrebbe raccontato alla polizia e magari anche alla madre e alla fidanzata.

Era successo tutto all'improvviso, e adesso, come in una serie di flashback, rivedeva tutti i passaggi, passo dopo passo.

Il dolore acuto alla gamba, il sangue caldo che gli colava inzuppando i pantaloni, la fuga, il suo amico Pino Guglielmino che lo aiutava a trascinarsi in un portone, l'arrivo degli agenti, poi il pronto soccorso, l'odore acre dei distillati e dei disinfettanti, l'anestesia locale, i dottori, i camici bianchi, poi l'assopimento. Il torpore cessò e i suoi pensieri lo pervasero tutto.

Si ritrovò sbattuto su una barella e sballottato da una parte e dall'altra. Poi l'ambulanza e direttamente l'infermeria del carcere. Era all'incirca la mezzanotte di quell'afoso 9 maggio.

Le armi dello scontro giacevano disseminate per la strada.

Una prima pistola, ancora con il cane alzato, la Smith

& Wesson calibro 9x19, con colpo in canna e altre tredici cartucce nel caricatore, venne rinvenuta nei pressi del concessionario di auto, poi tutto intorno, verso il pub e nelle aiuole spartitraffico, un revolver Colt Cobra 38 special con all'interno del tamburo due cartucce e quattro bossoli esplosi; un revolver Smith & Wesson calibro 357 con all'interno del tamburo sei bossoli. Gli agenti di polizia trovarono inoltre dodici bossoli calibro 9 Luger; quattro proiettili calibro 9; tre proiettili calibro 38 e altri frammenti di incamiciatura che avevano colpito la parete del pub e quella di altri negozi e auto nelle vicinanze.

All'interno del cassone del furgone telonato vennero trovati la mitraglietta Sites Spectre con silenziatore e munizioni; una pistola semiautomatica Smith & Wesson modello 645L con caricatore e quindici colpi, oltre a due bottiglie vuote di succo di frutta.

Nell'abitazione di Pino Guglielmino, ad Assago, emerse il resto dell'arsenale di quelli della Barona, ovvero sei pistole semi automatiche Beretta calibro 6,35 con silenziatore, di fattura artigianale, una pistola semi automatica Tanfoglio calibro 9x21 con nove munizioni inserite nel caricatore e cinque caricatori completi per pistola calibro 9 insieme a diverse altre munizioni di vario calibro.

La scelta di affidare la custodia dell'arsenale a Pino Guglielmino era dovuta al fatto che era uno dei pochi a es-

sere completamente sconosciuto alla polizia. Infatti solo una volta era stato controllato, in via De Pretis, con Jawo Calajò e altri, in tutto una quindicina di persone.
Fu sempre Pino Guglielmino a ritirare il materiale balistico dai fornitori, indicati per "Mimmo Cric"[14] e "Tony"[15] due pugliesi amici da tempo che gravitavano su via Manfredonia.

Gli accordi li avrebbero suggellati Nazza Calajò e Claudio Cagnetti, incontrandoli più volte presso un bar, di fronte al santuario di Santa Rita ma fu nelle tasche di Loris Grancini, che venne ritrovato un curioso scritto, riportato sul retro di un biglietto da visita della Car Time Automobili di Buccinasco: "6,35 = 300 + 100"; "9x19 =300".
Da qui il dato investigativo che anche Loris Grancini aveva avuto un ruolo nella trattativa sull'approvvigionamento delle armi o comunque, andava considerato come un personaggio a conoscenza delle loro caratteristiche e del prezzo di mercato.

La sorte inoltre volle che uno dei proiettili calibro 9 Luger, esplosi durante lo scontro, finisse la sua corsa nell'abitazione di un certo "Illuminato" all'ottavo piano di uno stabile in via Lope de Vega, luogo non proprio vicinissimo a quello della battaglia. La prima ipotesi balistica formulata, più tardi confermata dalle ana-

---

[14] Abbattista Cosimo Damiano
[15] Ardito Antonio

lisi tecniche, stabilì che il proiettile fosse giunto in tale abitazione a seguito di una traiettoria a parabola, quindi sparato nel corso del conflitto a fuoco.

Una telefonata anonima intanto, segnalava, quale partecipe della sparatoria, il proprietario di una Toyota effettivamente parcheggiata a spina di pesce nello spartitraffico di viale Faenza, dunque nei pressi del pub. L'autovettura era quella in uso al catanese Carlo Cunsolo detto "Carletto" indicato per il padrino catanese della cosca della Barona.

Carletto si era eclissato subito dopo i fatti, ma era stato acciuffato il 15 maggio successivo mentre gironzolava a bordo di un ciclomotore Mbk Booster in via De Pretis. Lui negò ogni addebito, ma nell'offrirgli un panino, dato che era stato preso quasi a mezzogiorno, l'ispettore Nicola Violante gli sottoscrisse anche il fermo per la partecipazione alla sparatoria.
Guarda caso, "Illuminato" attore inconsapevole e vittima degli avvenimenti a cui era piombato un proiettile in casa, era suo cognato.

Anche la Volvo V70 di Claudio Cagnetti venne ritrovata in viale Faenza, non lontano da quella del Cunsolo. Al suo interno, oltre a documenti e fotografie varie tra cui quella dello stesso Claudio e della fidanzata Vanessa, anche una pistola calibro 22 con matricola abrasa e sei cartucce alloggiate nel caricatore. L'autovettura era stata acquistata da Cagnetti tramite una testa di legno, un suo amico di nome "Stefano" [16] che le testimonianze, escludevano dalla partecipazione alla sparatoria. Intanto però anche il citato Stefano, un provetto buttafuori, tipo estroverso e a modo suo anche simpatico, un po' come tanti protagonisti di questa storia, per non saper né leggere né scrivere, non rispondeva al telefono e non apriva a nessuno. Ci vollero veri e propri appostamenti per stanarlo e condurlo alla Mobile, dove chiarì il suo ruolo nell'acquisto della Volvo.

Insomma lui aveva solo firmato l'atto per intestarsi l'auto, poi ritirata materialmente con pagamento in contanti da Claudio Cagnetti, personaggio in perenne peregrinaggio tra Milano, la Costa Azzurra e la Spagna, dove era già fuggito con Nazza Calajò e altri complici nella sparatoria.

Cagnetti, tramite il suo avvocato, e sempre utilizzando Stefano Cappelletti, cercò in tutte le maniere di farsi riconsegnare l'auto.

Nicola Violante a sua volta, cercò in tutte le maniere di non ridargliela arrivando persino a non eseguire un ordine di restituzione del giudice, motivandone il rifiuto.

Alla fine, dopo qualche anno, la Volvo venne riconsegnata, ma con ulteriore ordinanza del giudice.

Dalle intercettazioni successive si seppe che Salvatore Calajò detto Jawo, un tipo estroverso e simpaticone,

____

[16] Cappelletti Stefano

parlando con il fratello Nazza, latitante in Spagna insieme a Claudio Cagnetti e altri, aveva ironicamente consigliato di dire all'amico di andare lui stesso alla polizia, «così», aveva concluso, «insieme all'auto gli danno anche un paio di braccialetti!»

Ovviamente, il comportamento della polizia rientrava nella pianificata opera di pressione e controllo, svolta su parenti, conoscenti e amici dei ricercati.

Questa includeva anche l'attività di monitoraggio e controllo, discreta e riservata, operata su un gommista abitante a Buccinasco, di nome Michele [17] ma per il fatto che tartagliava un pochino era detto "S-s-s-stefano", fratello di un poliziotto e amico di Claudio Cagnetti, che aveva l'officina in via Watt.

S-s-s-stefano si rivelò uno che lavorava davvero nell'officina e con il pallino delle discoteche. Su di lui infatti era girata la voce che aveva acquistato l'officina, riciclando soldi sporchi provenienti dal traffico di droga, forniti da Cagnetti.

Il telefono del Mastino squillò e una donna, dalla voce impastata e ancora addormentata, rispose. «Vogliono te, anche oggi che è domenica!»

Il Mastino prese la cornetta, ascoltò in silenzio poi disse laconico: *«Sto arrivando!»*. Erano le sei del mattino del 10 maggio.

---

[17] Lavermicocca Michele

Con la sua coupé nera, Nicola Violante transitò in piazza Miani e davanti al Droughty Duck vide raccolte alcune persone. Scese e si mescolò al gruppetto.

Tra questi uno che gesticolava e raccontava dei tanti colpi, dello stridore delle gomme delle auto che acceleravano e si allontanavano, del fuggi fuggi collettivo. Lui, che aveva subito abbassato la saracinesca del pub con in quel momento un mucchio di gente, dentro e fuori il locale. Buchi e bossoli dappertutto. La polizia aveva raccolto non so quante pistole. Una guerra, sembrava una guerra. E giù a dimenarsi e a dilungarsi. Mescolato tra gli altri, l'ispettore vide giungere alcuni giornalisti e si allontanò, salì in auto e si diresse verso gli uffici della Mobile in via Fatebenefratelli.

Bene, pensò, almeno un testimone già ce l'abbiamo. Entro stasera quello me lo sento!

Pino Guglielmino, quasi disteso su una sedia, appariva sfinito dopo una notte e una mattinata intera di interrogatori, domande, verifiche.

Pensava di aver detto tutto ma ogni volta doveva ricominciare, perché ogni volta mancava un tassello alle informazioni che pervenivano alla Mobile, in tempo reale, dagli uomini sparsi in giro e dagli informatori del quartiere.

Con pazienza e meticolosità i poliziotti riallacciavano tutti i fili del racconto. Difficile farsi un'idea subito. Mancavano tante cose.

Quello stesso pomeriggio, Pino Guglielmino, dopo un ennesimo interrogatorio di Nicola Violante, venne caricato su una jeep e compì una sorta di tour, indicando i luoghi che aveva frequentato o incontrato soggetti coinvolti, ove aveva ritirato le armi e i momenti del pomeriggio e della sera precedente, piagnucolando alle notizie poco rassicuranti sullo stato di salute del suo amico Loris Grancini, gravissimo, in ospedale, praticamente in fin di vita.

«Ma cosa si sono messi in testa questi ragazzi! Ma che volevano fare, la guerra? Pazzesco!» Questo pensava il Mastino, ormai a notte fonda, mentre riordinava le carte leggendo e rileggendo le varie note.

Più o meno la stessa frase, venne profferita, tempo dopo, da Jawo, fratello di Nazza, al termine di una delle tante udienze, scosso dalle rivelazioni in aula.

Il 12 maggio, quindi solo tre giorni dopo la sparatoria, la Mobile aveva già stilato una esauriente nota sui principali protagonisti della vicenda, per lo più appartenenti al gruppo della Barona.

Il quadro investigativo, intorno alla fine di quell'estate si era fatto più chiaro: quelli della Barona avevano schierato, secondo gli investigatori, una batteria di fuoco capeggiata da Nazza Calajò e Claudio Cagnetti con al seguito, Massimo Mazzanti, Pino Guglielmino,

Flavio Sada, Loris Grancini, Davide Maccarone detto "il Grosso" e probabilmente anche Gallarati Marco detto " Marchino" a cui si andarono ad aggiungere il catanese Franco Perspicace di via Cascina Bianca e il loro padrino, indicato anche per "Andrea" ovvero il siciliano Carlo Cunsolo.

Il furgone telonato Mercedes risultò di proprietà di Gianluca Ronchi, già sposato e allontanatosi dalla zona ma fornito, secondo le deposizioni di Pino Guglielmino dal fratello Fabio Ronchi, sospettato di aver preso parte alla sparatoria.
Sarà Gianluca Ronchi, successivamente, a dichiarare che il furgono telonato, di fatto, era in uso a suo zio, Bruno Ferraro dimorante in zona Stadera.[18]

Ma chi erano veramente quelli della Barona?

Oltre ai capi riconosciuti del gruppo Calajò e Cagnetti, erano emersi:

Carlo Cunsolo: catanese, rapinatore, come egli stesso si definì in occasione del suo successivo arresto. Personaggio loquace ma irascibile, che cercava lo scontro e per questo persona chiacchierata, a vario titolo, anche nel suo ambiente. Non è da escludere che nella vicenda abbia avuto effettivamente un ruolo marginale, diventando poi il protagonista inconsapevole di fatti

---

[18] Ferraro Bruno verrà indagato per la partecipazione alla sparatoria.

più grandi di lui. Infatti non appariva come il boss della zona e la sua indole lo avrebbe condotto a non chiarire nulla, per evitare di fare nomi in realtà da tempo risaputi e conosciuti dal magistrato e dagli investigatori. Dalla gabbia dei detenuti, sotto gli occhi di Nazza e degli altri, forse anche un po' compatito dai ragazzi stessi, durante una pausa del processo inveì contro l'investigatore, reo di averlo arrestato in un contesto in cui a suo dire, non c'entrava nulla.

In realtà Nicola Violante aveva anche cercato di renderlo consapevole della sua posizione, tanto da chiedere al magistrato di andarlo a interrogare in carcere: questo anche dopo che Guglielmino aveva parzialmente ritrattato, forse perché era stato picchiato in carcere.
Molte erano state le notizie raccolte su Cunsolo ma nella maggior parte dei casi, erano poi risultate roba di poco conto o non riallacciabili all'episodio in argomento.
In particolare, quando alla moglie venne bruciata l'auto, parcheggiata in strada nei pressi del posto di lavoro, subito le voci ricondussero l'episodio alla vicenda della sparatoria.
In realtà poi attraverso notizie confidenziali affidabili si apprese che Cunsolo, in carcere a Vigevano, aveva avuto uno screzio e forse anche uno scontro fisico con uno di Rozzano che aveva giurato di fargliela pagare, e si era visto come.
Cunsolo tentò anche di comunicare con l'esterno attraverso canali non convenzionali, spedendo lettere a per-

sonaggi terzi e non coinvolti nelle indagini, ma anche questo tentativo franò, bloccato con astuzia e riservatezza dagli investigatori.

Loris Grancini: un amicone a cui piacevano le aggregazioni ai clan, anche quelle sporadiche. Voci sul suo conto, non totalmente confermate dalle investigazioni, lo davano per inserito in un clan calabrese della zona di Porta Venezia: del padrino, più tardi, sposerà una figlia. Più propriamente, era un amante della vita mondana e dei locali di tendenza. La sua relazione con Silvia era stata il pretesto "nobile" dello scontro, ignara ma "colpevole" solo di aver scelto tra due bellocci con tendenze simili, sviluppatesi in ambienti poco sani. Di tutto il resto, lei non sapeva nulla. Loris poi, dopo le cure e in attesa della sentenza definitiva, si inserirà nel tifo organizzato degli ultras juventini dell'area milanese denominati "Viking", e incapperà poi in un'altra imputazione di tentato omicidio per una sparatoria in piazza Morbegno, quale mandante.

Franco Perspicace: un compartecipe già stagionato all'epoca dei fatti, quasi un alieno rispetto a tutta la compagnia. Probabilmente voleva ritagliarsi uno spazio o forse non lasciarlo ad altri. Voci confidenziali lo indicavano quale elemento pericoloso, armato di mitra pronto all'uso. Le solite voci ingrandite per descrivere un personaggio di rilievo ma non gigantesco nel mondo del crimine. All'epoca stava impiantando una agenzia immobiliare in franchising nella zona di Lodi insieme alla compagna del momento, Patrizia, con cui aveva preso casa a Valera Fratta, un paesino del Lodigiano.

Pino Guglielmino: si era infilato nei guai e lasciato arrestare per aiutare un amico, ovvero il Mazzanti ferito al polpaccio. Generoso e mite, aveva scelto una strada irta di difficoltà per contare in un mondo che credeva forte e in cui lui non c'entrava nulla.

Massimo Mazzanti: con qualche precedente, amico da sempre di Nazza e degli altri del gruppo Barona.

Flavio Sada: un sognatore amante della bella vita e dei viaggi, quelli molto spesso compiuti dagli altri. Da sempre con il pallino di aprirsi un supermercato. Rampollo di una famiglia sana, potrà contare su di loro per riappropriarsi della sua vita e dare quella serenità che la famiglia merita.

Davide Maccarone detto il Grosso: non indicato e non riconosciuto in foto da Guglielmino, emerso, ma solo in via confidenziale, quale partecipante alla sparatoria anche perché era stato visto allontanarsi dal quartiere con Massimo Mazzanti. In realtà il suo nome verrà a galla in un momento successivo, dopo le dichiarazioni di un collaboratore. A lui inoltre, farebbe riferimento Nazza Calajò, in una conversazione intercettata, quando si informa su chi erano i feriti e da quale parte stavano. La sentenza di primo grado lo vedrà assolto per la partecipazione alla sparatoria ma il PM aveva già preannunciato l'appello.

Bruno Ferraro: la persona che aveva in uso il furgone Mercedes. Subito rintracciato, aveva asserito di aver subito un furto e di non averlo ancora denunciato poiché non se ne era accorto e che nel contempo aveva anche smarrito le chiavi che di fatto erano regolarmente inserite nell'avviamento d'accensione del furgone. Risulterà poi positivo alla prova "stub", ovvero all'esame del guanto di paraffina, entrando quindi in pieno nell'inchiesta.

Cosimo Damiano Abbattista detto Mimmo Cric: presunto fornitore delle armi, sposato con un'infermiera, indicato per violento, tanto da essere soprannominato "Cric", ma poi non risultato manifestamente tale. Agli atti infatti, risultava solo una querela presentata dal gestore di un salone di bellezza, Tonino Ruggeri, che si era permesso di fare delle avances alla moglie, una bella donna di origine bresciana assunta in prova. Il gestore evidentemente, non era nuovo a tali iniziative e caso volle che fosse stato lo stesso ispettore Nicola Violante, che seguiva l'indagine sulla sparatoria, ad arrestarlo, cinque anni prima, durante un'indagine conclusasi con la chiusura di una trentina di pseudo centri estetici e locali scambisti nell'operazione "Meeting Stop".

Antonio Ardito detto Tony: amico da sempre di Mimmo Cric, era stato ospitato, tempo prima, presso la sua abitazione mentre era sottoposto alla misura degli arresti domiciliari. Sua la Fiat 500 viola con cui i due avrebbero raggiunto il luogo dell'appuntamento prefissato con Nazza e gli altri.

Marco Gallarati detto Marchino: amico di Nazza e Claudio, entrato con loro in una indagine in cui erano indicati come gli "spagnoli". Non è stato riconosciuto quale partecipante alla sparatoria pur essendo stato indicato nominalmente varie volte. E' uscito di scena praticamente subito dal quadro investigativo.

A questi nomi se ne aggiunsero molti altri, frutto di malizie e fantasie di persone del quartiere, tutte desiderose di collaborare ma forse anche con la voglia di colpire a casaccio, tanto per partecipare o magari per togliersi di torno alcuni di quei "ragazzacci" che all'epoca, facevano casino sotto ai portici e null'altro.

Inoltre, il riferimento ad "Andrea" quale pseudonimo di Carletto Cunsolo, venne associato a tale Andrea Sicari,[19] un baffuto ragazzone cresciuto nel quartiere ma mai emerso nel corso delle indagini se non per il riferimento nominale e per qualche notizia confidenziale. Anche lui risultò in contatto con molti personaggi della zona, come tanti altri. Non venne perseguito.

---

[19] Notato in aula durante numerose fasi del processo

Tutti i nominativi venuti alla luce vennero scrupolosamente verificati, ma nella maggior parte dei casi, esclusi. Che si conoscessero con quelli che avevano partecipato alla sparatoria era un fatto, ma era anche un'ovvietà: il quartiere era quello; ma da qui a dire che fossero stati compartecipi o complici a vario titolo ne passava e la "Mobile" fu molto attenta a non inciampare.
Nella circostanza vennero controllati diversi box, per lo più di persone anziane che potevano aver fornito un aiuto logistico al gruppo, ma non venne trovato nulla.

Più o meno nello stesso periodo, grazie a un lavoro di intelligence e a notizie confidenziali, associate, più tardi, a quelle di alcuni collaboratori di giustizia che nulla avevano a che fare con la sparatoria, ai primi nomi di Christian, Pasquale e Mario, del gruppo Corvetto, si aggiunsero anche quelli di altri presunti partecipi, alcuni dei quali indicati con particolari soprannomi.
Ma i nomi dei ragazzi coinvolti, o presunti coinvolti, non erano la sola risposta che bisognava cercare.
In quanti avevano sparato e perché quelli della Barona si erano organizzati in quella maniera armandosi di tutto punto? Che cosa temevano?

Dario Redaelli, l'ispettore della Balistica, aveva compiuto un lavoro immane nel tentativo di ricostruire la dinamica della sparatoria, una fra le più violente mai verificatesi sul tessuto milanese.
Le rilevazioni e l'analisi tecnica e balistica avevano di-

mostrato che tutti i colpi erano stati sparati quasi a ventaglio, verso un'unica, ipotetica direzione e solo un colpo era stato esploso nella direzione opposta.

Alcuni proiettili avevano preso varie traiettorie a seconda di come erano stati esplosi, come a esempio quello finito in casa di Illuminato, cognato di Carlo Cunsolo, il catanese.

Il punto ipotetico tracciato altro non era se non quello in cui si erano avvinghiati Loris Grancini e Mario Alba, quindi si doveva presumere che lo schieramento della Barona fosse rimasto dalla parte nord della strada mentre quello del Corvetto, probabilmente meno numeroso, era rimasto nella parte verso sud, rispettivamente alle spalle dei relativi appartenenti, appunto Loris e Mario.

Proprio il concentramento del fuoco sui contendenti aveva prodotto ai due le loro serie ferite, rispettivamente al capo e al torace.

Diversa era stata invece la posizione del terzo ferito, Massimo Mazzanti, colpito da un proiettile con leggera traiettoria dal basso verso l'alto alla tibia destra, con fuoriuscita dello stesso dalla parte frontale della gamba. Ma mentre per i primi due era stato possibile tracciare un punto di riferimento circa la loro posizione, difforme appariva la situazione relativa al terzo ferito, poiché Mazzanti, non ha mai indicato il momento esatto e il punto in cui era stato raggiunto, non potendosi escludere che fosse addirittura rimasto vittima del così detto "fuoco amico" con un proiettile sparato da dietro.

E dietro il Mazzanti, potrebbe esserci stato proprio il Guglielmino che a suo dire, era stato l'ultimo a scendere dal furgone arma in pugno. E da qui il senso di colpa e di non abbandonarlo, sorreggendolo nel tentativo di fuga.

Ovviamente una spiegazione plausibile ma azzardata, che non si poté confermare poiché non fu mai accertato nemmeno il calibro e la natura del proiettile che lo aveva colpito: dopo essere fuoruscito, si era disperso.

Il volume di fuoco espresso era stato notevole e ancora di più lo sarebbe stato se si fosse fatto uso della mitraglietta Spectre ritrovata sul furgone telonato.

Ma chi aveva originato un piano che, per quanto sconclusionato, appariva studiato a tavolino?

L'arrivo sul posto con diverse auto, e poi il furgone con nascosti all'interno uomini e altre armi, quasi un cavallo di Troia.

Per ingannare chi e a quale scopo?

L'ispettore pensò che quel piano lo avesse progettato Claudio Cagnetti, uno forse che amava i blitz e le sortite, uno di cui si diceva che gli piacessero molto le armi.

Il dato investigativo era tratto dal particolare che uno dei residenti della zona ove si era verificata la sparatoria, nel pomeriggio aveva notato, intorno alle 14, la Volvo del Cagnetti in sosta, sul viale Famagosta, con quattro persone a bordo. Probabilmente per studiare e verificare il campo d'azione relativo all'incontro che si sarebbe tenuto la sera stessa proprio in quel luogo.

Ma perché allora Pino Guglielmino, aveva riferito che quell'incontro doveva solo risolvere una questione d'onore? Perché avevano mentito anche ai loro uomini e soprattutto come mai, se vero, questi ci erano cascati? Le armi d'altronde le avevano viste e gli erano state consegnate. Che c'entravano l'onore, il chiarimento?

Che la paura fosse venuta da lontano? da un ricordo tragico? Dal fatto che Christian Petrovic potesse ritentare un'impresa criminale mai dimenticata, una delle stragi più cruente, quella della trattoria Strega al Moncucco in cui morirono il pugliese Antonio Prudente, la sua fidanzata e un'altra mezza dozzina di persone? Poteva essere!
Partiva forse da qui quindi l'esigenza di avere un rispettivo padrino, guarda caso entrambi catanesi, a garanzia della incolumità di ognuno di loro? E chi aveva sparato per primo?
Tutti pensieri riconducibili a Christian?

E che cosa avevano raccontato di Christian Petrovic e della sua famiglia a quelli della Barona? Quali figure spettrali avevano agitato per impaurirli nell'anima e nel corpo. Loro all'epoca erano a malapena dei ragazzini!
E Christian, non era stato lui stesso vittima di un fardello di cui forse non conosceva neanche l'esistenza?

Certo aveva già qualche precedente penale, ma nulla di paragonabile al massacro; e la sua condotta di vita, per quanto censurabile, non destava grandissimi sospetti. Sua madre aveva cercato in tutte le maniere di tenerlo fuori da tutto cercando di seguirlo nel miglior modo possibile.

Probabilmente anche suo padre, per quanto coinvolto in imprese criminali, voleva un figlio migliore; e così tutta la sua famiglia, fatta di molte donne e quindi inevitabilmente di stampo matriarcale. Alcune di loro, sposate a uomini inseriti a vario titolo nel tessuto malavitoso, trascinavano la loro vita in attesa delle visite, dei permessi brevi, sbarcando il lunario alla meglio.

Certo il quadro investigativo delle parentele del ragazzo era di rilievo ma quello reale, desunto dai controlli e dalle analisi tecniche, denunciava un altro tipo di persona, dedita sicuramente ad attività illecite ma che non contemplavano assolutamente e in alcuna maniera la risoluzione fisica. Mai Christian aveva parlato di questo nelle sue serate con i suoi amici o in qualche viaggio, tipo quello fatto ad Amsterdam. Allora, chi aveva eventualmente agitato il fantasma del passato, e perché? Qual era il suo fine?

Christian, figlio di Francesca e Dragomir, nipote di Ginetto Di Paola, imparentato con famiglie pugliesi e calabresi, appariva comunque fuori da questo scenario in cui era entrato per via di matrimoni fra appartenenti alle varie famiglie.

Erano state queste paure ad armare la mano di quelli della Barona oppure, viceversa, la consistenza numerica dei primi aveva armato la mano di quelli del Corvetto?

Tra i due schieramenti, Loris Grancini di via D'Apulia, passato da un fronte all'altro. Con quali prospettive?
A Christian sembrava non mancassero le ragazze, anche quelle occasionali, a Loris nemmeno. Quindi, venuto meno il movente alto dell'onore, si lascia il campo alle intenzioni basse, quelle legate sicuramente e senza tema di smentita allo spaccio di sostanze stupefacenti. L'esigenza del ventilato scontro armato doveva essere quindi venuta dopo.

D'altronde Nazza Calajò era andato ad abitare proprio in Corso Lodi, e non si poteva escludere un suo tentativo di allargare la zona di controllo e preminenza dei suoi affiliati a scapito di quelli del Corvetto, da sempre presenti in quell'area anche per motivi squisitamente topografici. Non si va armati e in quella maniera per dare una lezione. Fortuna che i provetti "commandos" si erano impauriti loro stessi del volume di fuoco, altrimenti altro che strage del Moncucco, sarebbe successo ben di più e certamente a danno anche di innumerevoli innocenti.

Delineati i probabili retroscena, ecco svelati anche i nomi di quelli del Corvetto o almeno quelli ritenuti presunti partecipi alla luce delle indagini, delle confidenze e delle dichiarazioni di collaboratori di giustizia: **Mario Alba** e **Christian Petrovic**; **Pasquale Rinaldi** di corso Lodi, emerso praticamente subito anche sulla base dei riscontri tratti dagli appunti di Mario Alba rimasto gravemente ferito; **Fabio Valente** abitante fuori Milano ma originario del quartiere, con precedenti di varia natura; **Alessandro Papaleo** detto "Ale e Gambone" con precedenti di scarso rilievo, da sempre uno del Corvetto, elemento sensibile e scherzoso; **Enrico Nanni** detto "Punta" anche lui uno del Corvetto altrettanto ironico; **Massimiliano Di Paolo** detto "Massimo" e **Antonio Tallarico** detto "Tonino" questi ultimi due, entrambi legati a Christian da un vincolo di sangue. Per loro valeva lo stesso discorso sui collegamenti familiari. Infine, **Di Benedetto Salvatore** detto "Aurelio" della provincia catanese, indicato quale padrino del gruppo.

Analizzate le tematiche, i possibili retroscena e indicati i nomi emersi a vario titolo, non si poteva non considerare, anche sotto il profilo tecnico, la differenza di approccio all'appuntamento posto in essere dai due gruppi.

Il gruppo della Barona, che apparirebbe più sostanziale e deciso, in realtà aveva lasciato sul campo un'innumerevole serie di indizi oltre a prove concrete, tanto che delineare la sua composizione, in senso investigativo, non era apparso particolarmente difficile. Armi abbandonate ovunque, disseminate in gran parte nel loro campo d'azione, fuga dal posto improvvisa con abbandono di auto abitualmente utilizzate dai partecipi con all'interno sostanze stupefacenti di poca quantità ma significativa del momento vissuto, diremmo dei pippotti per usare una terminologia da tossici, foto e documenti personali.

Il gruppo del Corvetto invece, salvo alcune indicazioni di auto in fuga, non immediatamente identificabili né quindi riconducibili ai medesimi, appariva svanito. Non si conosceva il momento d'arrivo né come fossero giunti sul posto, e solo il ferimento di Mario Alba, uno di loro, probabilmente arrivato su uno scooter, aveva portato a ricollegarlo alla sparatoria.
Solo successivamente e con un lavoro di particolare investigazione, si era riusciti, fatte le debite analisi, a riallacciare le fila: e sicuramente per farlo ci è voluto molto più tempo di quello dedicato al gruppo della Barona.

Infatti, diversi personaggi del gruppo della Barona erano da tempo sotto controllo e quindi per alcuni di loro non ci fu scampo. Le celle di riferimento dei telefoni cellulari a loro in uso, dall'analisi dei tabulati, indicavano che subito dopo la sparatoria, Nazza Calajò e

Claudio Cagnetti si erano spostati velocemente verso la Liguria e quindi successivamente in Costa Azzurra e poi in Spagna, dove, più in là, verranno localizzati.

Nazza incapperà in un brutto incidente, dovuto all'osso di un pollo ingoiato per errore, che gli perforerà alcuni organi interni.

Claudio invece spazia e alcune fonti lo indicano, a volte, anche a Milano. Venne individuata un'abitazione nella zona Maciachini, registrata in portineria con il nome della fidanzata, e anche l'autorimessa dove solitamente ricoverava la sua Volvo, prima della sparatoria. La stessa Vanessa era stata posta sotto controllo e monitorata durante i suoi trascorsi milanesi e dopo la rottura sentimentale con Claudio, che continuava a stare in Spagna, senza pensare minimamente di rientrare in Italia.

Ai primi di giugno dell'anno successivo alla sparatoria, Nazza venne localizzato a Rimini con parentela al seguito, e fu arrestato. Più o meno nello stesso periodo anche altri caddero nella rete.

Il successivo 12 novembre ulteriore blitz: si replica con l'arresto di altri partecipi tutti appartenenti al clan della Barona. Sfugge Claudio Cagnetti, arrestato due anni dopo in Spagna.

Ancora due anni e tocca a Christian Petrovic e Pasquale Rinaldi, colpiti anch'essi da una ordinanza di custodia cautelare in carcere.

Nei dispositivi dei magistrati emerse il grado di affidabilità e professionalità degli investigatori che avevano seguito il caso della sparatoria di via Faenza, una indagine complessa e articolata, durata diversi anni, con l'avvicendamento di tre diversi dirigenti della Mobile.

Il processo di primo grado, si rivelò abbastanza movimentato poiché vennero particolarmente contestate le deposizioni di alcuni testi.
Le udienze, sempre accese, venivano seguite da parenti e amici e tra questi la più esagitata era la madre di Loris Grancini, che riteneva il figlio solo una vittima. Evidentemente non aveva ben compreso le deposizioni a carico del figlio, un mammone travestito da gangster o magari viceversa.
All'interno del gabbione, in aula, i ragazzi, tutti insieme, a volte sorridevano. Non per ironia o per sfottò, ma perché loro erano così. Solari.
Peccato che tale animo lo avessero smarrito quella famosa sera. Ma la speranza è che da questa vicenda possano trarre un insegnamento per il resto della loro vita. Perché la legge è lenta ma inesorabile. Per tutti.

II

Era il 27 maggio.

La suoneria del telefono cellulare ruppe il silenzio.

Il rumore era così trapanante che lo si sarebbe potuto definire immorale.

Come un secchio d'acqua gelata, lo svegliò dal suo torpore.

Nicola Violante allungò la mano sul comodino, a tastoni, afferrò l'insistente apparecchio con gesti dettati dall'abitudine ma senza convinzione, e a piedi scalzi, con indosso solo la canotta e i boxer elasticizzati, si avviò verso il tinello di casa. Poi parlò. E il risultato delle parole, quelle dette e quelle ascoltate, fu che si fece una doccia veloce, poi la barba, i vestiti e via, di corsa verso il suo ufficio: alla Mobile in via Fatebenefratelli.

L'aria di Milano era insolitamente fresca e profumata, ma nonostante l'ora molto mattutina si preannunciava già la calura della giornata.

La sera prima avevano sparato ancora.

Per l'ennesima volta, in via Ucelli di Nemi a Ponte Lambro, quartiere a est della città, qualcuno aveva aperto il fuoco.

Erano stati esplosi molti colpi, tutti diretti a una famigliola che rientrava a casa su una utilitaria.

Sarebbe potuta essere una strage, ma per fortuna i proiettili avevano colpito tutto meno i corpi umani verso cui erano stati diretti.

Dopo il primo sparo, Antonio D'Iglio, alla guida della sua Fiat Cinquecento di colore bianco, aveva premuto con prepotenza il piede sull'acceleratore per fuggire via da quell'inferno.
La moglie, Carmela Cappiello, che gli sedeva accanto, aveva attirato d'istinto a sé il piccolo Salvatore, tre anni appena compiuti, e si era fatta scivolare sul pianale della vettura, rannicchiandosi e tremando dalla paura.
Antonio e Carmela avevano ventitré anni.

Cresciuti nel quartiere, come molti altri si erano sposati giovanissimi ed erano andati ad abitare poco distante dalle loro famiglie.
Carmela proveniva da una famiglia tranquilla, che nella zona definire normale veniva a essere praticamente una vanteria. I suoi princìpi e i suoi valori li aveva trasmessi anche a quel giovane, diventato poi suo marito, che rischiava di perdersi tra le amicizie storte della zona.
Il fratello di Antonio aveva già conosciuto la galera, il suo nome era finito in una operazione antidroga che qualche tempo prima aveva potato il quartiere dei suoi rami secchi.

Di operazioni di quel genere ce n'erano state tante, ma quella chiamata "Ali bianche", compiuta dagli uomini del commissariato Scalo Romana, era stata sicuramente la più devastante per i criminali. Era il maggio del 1995. Neanche un anno dopo, una nuova operazione chiamata "Eco" coinvolse circa cento giovani del quartiere. In quell'occasione il sistema dello spaccio spicciolo venne scardinato. Le famiglie colpite furono tante.

Anche la famiglia di Antonio dovette sperimentare quella sofferenza: il fratello di Salvatore, si ritrovò da un giorno all'altro sotto processo e poi in prigione. La madre, Luisa Esposito, donna coraggiosa e forte come le napoletane sanno essere al momento giusto, iniziò a seguire Antonio più da vicino.

Il matrimonio del figlio con Carmela lo aveva vissuto come un atto di fiducia verso il prossimo, e la nascita del nipotino la convinse che con Antonio non sarebbe successo quello che era accaduto con l'altro figlio. Aveva combattuto per la libertà di Salvatore e nonostante le difficoltà, non si era certo arresa.
Ora doveva lottare anche per Antonio.

Chi aveva usato le armi contro di lui e per quale motivo? E quanti colpi, poi!
Nel mirino era finita l'intera famiglia. Era tardo pomeriggio, con il sole ancora alto, mentre la Cinquecento percorreva via Ucelli di Nemi in quello strano fine di maggio. Il bersaglio evidentemente doveva essere colpito sotto gli occhi di tutti.

La stessa domanda – chi era stato e perché – si posero i genitori di Carmela, che continuavano a consolare la figlia ormai stremata negli uffici di via Fatebenefratelli, in attesa degli interrogatori e delle verifiche.

La stessa domanda dell'ispettore cui erano affidate le indagini, che era appunto Nicola Violante, soprannominato "il Mastino".

Da anni il Mastino seguiva le vicende di Ponte Lambro, prima con le Volanti, poi come investigatore della "Omicidi" alla Squadra Mobile.

Nel tempo aveva fatto la conoscenza di molti uomini e molte donne.

E li aveva anche conosciuti bene, perché un poliziotto finisce con l'assumere anche molte delle caratteristiche di un confessore o di uno psicanalista, altrimenti non avrebbe saputo come orientarsi nei labirinti dell'illegalità.

Quel quartiere il Mastino ormai lo conosceva come sé stesso.

Aveva scrutato ogni angolo e ogni pertugio, raccolto confidenze e pettegolezzi di ogni sorta. In zona poteva contare su diversi informatori, uomini e donne, tutti attendibili, tutti positivamente sperimentati, e soprattutto, fatto piuttosto singolare, nessuno con conti presenti o passati con la legge. Gente genuina ma a contatto con chi sapeva e raccontava. Era ancora presto, però, e non era il caso di cercarli a quell'ora. L'avrebbe fatto più tardi, magari nel pomeriggio o in serata. Sapeva che molto presto avrebbe saputo chi aveva sparato e perché.

Come sempre. Perché a lui lo dicevano.
Ogni indagine rappresentava per il Mastino una specie
di missione.

Ponte Lambro, poi, era un serbatoio sicuro, per quello
che aveva preso ma anche per quello che aveva dato.
Nel suo piccolo il Mastino si era interessato del quartiere, era entrato nelle sue problematiche sociali, facendo a volte intervenire gli amministratori pubblici,
sollevando iniziative e scrivendo sui giornali specializzati della polizia.
La gente non si immagina davvero che anche questo
possa rientrare nell'attività di un poliziotto.
A lui spesso si rivolgevano i genitori per "raddrizzare"
i figli.
«Me lo tenga d'occhio, se no quello mi diventa un delinquente», così lo imploravano i più apprensivi. E lui,
pronto a controllare bar e latterie della zona, allontanando dalle brutte compagnie i bravi ragazzi.
Che, fortunatamente, erano sempre più numerosi.

Non faceva confusione tra gli uni e gli altri, anche se a
Ponte Lambro gli uni e gli altri erano un po' la stessa
cosa.

Come quando si cresce tutti insieme in una famiglia e
si mangia dallo stesso piatto. Erano situazioni difficili,
ma era quasi la norma.

Antonio vide arrivare il Mastino e sbuffò, però gli sorrise.

L'ispettore non lo conosceva neppure, ma il giovane sapeva benissimo chi era lui. Stremato da una nottata in questura ma con passo spavaldo, Antonio si avvicinò alla porta dell'ufficio appena varcata dall'ispettore: «Adesso che sono arrivati i rinforzi, che fa ci interroga e ci manda via, o incomincio a spaccare tutto?», disse. «Mia moglie sta male e anch'io sono stufo. È da ieri sera che siamo qui. Fate quello che dovete fare ma mandateci via.» A dar man forte al giovane arrivò subito il suocero, padre di Carmela, un tipo dall'occhio vispo e dalla parlantina sciolta: sia pure in tono più diplomatico e pacato, disse praticamente le stesse cose.

L'ispettore nemmeno rispose e salì al piano di sopra a prendersi una cioccolata dalla macchinetta automatica. Ridiscese con il bicchiere ancora fumante. Guardò Antonio, i suoi genitori, il suocero, la moglie Carmela e tutti gli altri, poi tranquillamente disse: *«Ci vorrà ancora un po' di tempo. Se volete vi offro un caffè.»*

Nessuno rispose e l'investigatore, distaccato, tornò alla sua scrivania in ufficio.

Antonio iniziò a pensare strane cose, ma non parlò.

Il suo fascicolo con la copertina rossa era sulla scrivania e il poliziotto lo stava studiando. Risultava già denunciato per oltraggio, quindi la cosa non lo doveva spaventare più di tanto. Inoltre era incappato nelle dichiarazioni di un pentito per una serie di rapine, ma lo avevano scarcerato subito. Per il resto, non era un personaggio di rilievo nella zona.

A chi aveva dato fastidio, allora? – pensava il Mastino. Antonio era grande e grosso; forse aveva fatto uno sgarbo o semplicemente non si era messo d'accordo su qualcosa. Ma la moglie e il figlioletto che cosa c'entravano? Perché un messaggio così forte? Era chiaro che i tre avevano avuto fortuna. Una dozzina di colpi esplosi, molti avevano centrato l'auto, nessun ferito. Che culo. Il solito culo degli altri, pensò il poliziotto. Se c'era uno di noi su quell'auto, sicuramente almeno un morto ci scappava. Va be', meglio così, ovviamente.

A metà mattinata i suoi colleghi ispettori, Mimmo Mele detto "Valium", un elemento calmo e solo in apparenza un po' lento, e Mauro Sgaravato detto "Demo" per la sua somiglianza con il musicista Demo Morselli, terminarono gli interrogatori iniziati la sera precedente, e il capo della sezione lo chiamò.

Si inserì, come era suo costume, il vice della sezione, detto "Tony computer" perché sempre attaccato al pc, grattandosi la nuca, come faceva sempre, quasi a mo' di tic, sospirò. «Nella prassi questo sarebbe un caso da commissariato», disse. «Un tentato omicidio, senza feriti. Ma data l'anomalia, questo fatto lo segui tu. Sai come e dove muoverti. Il personaggio lo hai visto. Da quello non riusciremo a sapere chi è stato ma soprattutto non c'è da sperare di tirarne fuori una testimonianza. Magari dai familiari o dalla moglie invece sì.»

«Il problema sono le testimonianze», incalzò Nicola Lupi, detto "il signorino" per i suoi modi e per il vestire. Era il giovane ma capace capo della sezione Omicidi, il cui eloquio scivolava a volte in un accento romanesco-televisivo. «Lo so che tra un po' me verrai a di' che a sparare è stato Tizio o Caio. Lo so, ma questa volta dobbiamo inchiodarli senza pietà. Il questore ha chiamato direttamente il capo della Mobile e gli ha rappresentato questa necessità. A Ponte Lambro si spara da tempo, e noi a core' dietro. Decine de inchieste, ma nel concreto quelli so' ancora libberi. Tempo quasi perso. Ora la musica cambia. Ho già parlato con i magistrati che seguiranno questo caso, e sono sulla nostra stessa linea. Forza, li mettiamo in galera e buttiamo la chiave. Anche la stampa ci è addosso! E poi Gigi Savina è appena arrivato, facciamogli vedere cosa sappiamo fare e chi siamo!» Savina era il nuovo capo della Mobile, la classica ramazza nuova che ramazza bene – autore in Sicilia dell'arresto di Giovanni Brusca, quale capo della Mobile palermitana.

«*Era ora*», fu la risposta secca del Mastino, che certo non le mandava a dire. «*A Ponte la gente sta aspettando tutto questo da tempo*», continuò convinto: «*Troverò i testimoni e intanto ho già preparato uno screening*

*dei fatti più gravi che sono successi da almeno cinque
anni a questa parte, con tanto di nomi e cognomi degli
autori, sia quelli certificati che quelli segnalati dagli
informatori. Sempre gli stessi, sempre quelli, attorniati
da complici di secondo piano. Tolti di mezzo quei due
o tre, il quartiere è guadagnato. Sarà sicuramente stato uno di loro».*

«Cioè?», replicò perplesso il capo.

*«Intendo Tonino Acunzo l'ascensorista o Franco
Archi[20] il calabrese. Visto che il primo è agli arresti domiciliari a Napoli Secondigliano, presso i genitori, re-
sta il secondo»*, disse con naturalezza il Mastino. *«Salvo che Tonino, perso dietro la sua donna e i fumi della
coca, non si sia allontanato da casa e sia venuto a fare
danni a Milano.»*

«Allora datte da fa'», fu la risposta decisa e ultimativa
di Nicola Lupi. «Indaghiamo in tutte le direzioni e non
tralasciamo nulla. Tutto quello che viene è buono. Di
qualunque cosa si tratti. Facciamo tabula rasa. Mettia-
moli sotto.»
Il suo tono era deciso come mai forse lo era stato.

L'ispettore deglutì e fece una smorfia che produsse un
sorriso generoso di Lupi, che si era reso conto di aver
ecceduto nell'enfasi, poi prese l'ispettore da una spalla

---

[20] Non risultato affiliato o collegato a sodalizi di 'ndrangheta

per fargli sentire la sua vicinanza. Erano d'accordo.

Dopo tante scaramucce, finalmente la guerra aperta.

Sarebbero andati fino in fondo, stavolta.

Il Mastino riunì subito il suo gruppo. Il suo vice Fernando Gatto detto "Micio", poi Carmine Miri detto "Nervo", Antonia Pierro detta "Leonessa" e Fausto Mazzini detto "Boxeur". In precedenza quella squadra era arrivata a contare anche nove uomini, ma negli ultimi tempi si era assottigliata sempre più a causa di persone trasferite e mai rimpiazzate. Tra questi, i più autorevoli Salvatore Solda, salentino detto "il Saggio", Marcello Loi, sardo, detto "Orata" e Francesco – Ciccio – Visconti, un tarantino detto "il Pratico", andati in pensione e molto rimpianti.

«Prima di tutto», esordì, «leggiamoci le carte fatte dai nostri colleghi, da ieri sera a oggi. Poi la balistica e i contatti con gli informatori. In archivio raccogliamo di tutto e di più sui personaggi e sulla zona.»

Fernando Gatto si precipitò alla Scientifica, casomai avessero scoperto qualcosa.

Il Mastino prese il telefono e chiamò il suo amico Vito Albanese, ispettore al commissariato di zona, che conosceva il quartiere almeno quanto lui, se non di più. Con l'amico parlò della vicenda e si scambiarono le reciproche impressioni, poi concordarono di prendere contatto con i rispettivi informatori per stabilire se le indicazioni combaciavano. Una prassi già usata altre volte e sempre risultata vincente.

«Questa volta dobbiamo chiuderli, Vito, è imperativo.»

«Sì, va bene, ce la faremo, vedrai», replicò il collega dal commissariato Monforte. «Qualcuno che parla e sottoscrive lo troviamo, nel quartiere sono stanchi anche loro. Comunque ci vediamo presto.»

Nel primo pomeriggio il Mastino telefonò a Dario Redaelli detto "il gentleman", collega della balistica, e insieme decisero di andare a dare un'occhiata alla cinquecento crivellata.

L'utilitaria era stata ricoverata presso una autorimessa a ridosso del parco Forlanini, nelle vicinanze dell'aeroporto di Linate.

Due gomme bucate, fori in diversi parti della carrozzeria. Quella vetturetta bianca aveva parato tutto l'odio del cecchino, salvaguardando i suoi occupanti.

«Veramente salvi per miracolo», commentò piano Dario. Infatti un proiettile aveva colpito la parte alta del sedile anteriore destro, quello dove sedeva Carmela. Fortuna che aveva avuto la prontezza di farsi scivolare sul pianale dopo aver preso il piccolo Salvatore.

Dario posò la sua borsa ed estrasse il materiale tecnico per i rilevamenti.

Un lavoro utile e necessario, di alta investigazione tecnica, da scientifico come si dice in gergo. Un supporto notevole all'indagine sul campo.

Esperto in balistica, non era nuovo a quelle situazioni, un autentico specialista nel suo campo. Formava, insieme ad altri, quel fiore all'occhiello della Questura di Milano che è la Polizia Scientifica, piena in ogni settore di esperti con i controfiocchi.

Dario iniziò il suo lavoro lentamente, scrutando con attenzione ogni particolare. Da quello studio, o rilevamento come si dice tecnicamente, avrebbe potuto ricavare una serie di indicazioni che avrebbero portato a inchiodare lo sparatore. Ci mise un paio d'ore, in capo alle quali propose di tornare sul luogo della sparatoria.

«Ho necessità di acquisire una serie di elementi», spiegò.

Il Mastino avvisò il suo capo in ufficio, poi chiese alla centrale operativa di mandare due volanti a Ponte Lambro, necessariamente almeno una di quelle che la sera prima erano intervenute sul posto.

La centrale gracchiò poi diede l'okey. Nel giro di pochi minuti erano sul posto.

L'agente della volante intervenuta la sera prima indicò il punto ove erano stati rinvenuti alcuni bossoli, tutti calibro 7,65, mentre altri erano sparsi in giro, forse spostati da autovetture passate dopo il tragico avvenimento.

Venne bloccata l'intera strada principale e i veicoli, compresa la 45, l'autobus di linea Atm, vennero fatti deviare sulla parallela interna con i parcheggi, sul retro dei numeri civici pari della via.

Questo consentì a Dario di rilevare le varie distanze, prendendo come riferimento alcuni pilastri della palazzina del civico 11 della strada, l'altezza del marciapiede e l'ipotetica posizione della cinquecento al suo transito.

«Da queste misurazioni, analizzate insieme ai dati presi dai miei colleghi ieri sera», spiegò Dario, «dovrei essere in grado, grazie alla telemetria, di darti la distanza da cui lo sparatore ha esploso i colpi, la loro direzione, la mano con cui ha tirato e la sua altezza.»

«Non c'è male», sentenziò il Mastino, che sornione si studiava il paesaggio, con tutti gli spettatori ai balconi a godersi lo spettacolo.

Quelle situazioni piacevano ai poliziotti e all'ispettore in particolare.

Era cresciuto in quartieri simili della sua città e sapeva con esattezza quali erano le aspettative e le aspirazioni della gente del posto.

Sapeva che cosa volevano dalla polizia, come si doveva comportare o atteggiare, quali approcci avere con i buoni e quali con i cattivi. C'era un elemento di spettacolo nella conduzione delle indagini. E il poliziotto si rendeva, suo malgrado, protagonista di questa sorta di reality show primordiale, tutto in diretta, senza finzioni.

Anche Vito Albanese, il suo amico ispettore del Commissariato di Carlo Poma, viveva di questo e si dava in pasto alla massa.

La gente vedeva la polizia nel quartiere e commentava che si stavano muovendo, che qualcosa avrebbero fatto, che presto avrebbero arrestato qualcuno. Man mano che le chiacchiere montavano si formava il convincimento comune che lo Stato c'era ed era presente. I tanti tifosi occulti delle forze dell'ordine uscivano allo scoperto e facendo finta di parlare in forma tragica annunciavano ai loro nemici, tra il serio e il faceto, la loro imminente fine.

Gli stessi balordi della zona si affaccendavano a cercare notizie per farsi le scarpe tra di loro.

Il tamtam entrava in azione, le voci correvano e i telefoni scoppiavano.

Molte erano le notizie da scremare, o quelle addirittura fatte circolare ad arte dagli stessi poliziotti, interessati a monitorare la zona e a tenerla sotto pressione. Un lavoro di astuzia e di intelligence insieme, con lo scopo di far venire allo scoperto chi aveva interesse a stare nascosto e di raccogliere una serie di dati che potevano essere utili alle indagini, in qualunque direzione, come aveva sentenziato Lupi, il capo della Omicidi.

Mentre Dario era tutto preso dai suoi studi e dalle sue misurazioni, l'ispettore Nicola Violante si ritrovò a pensare ai suoi trascorsi in quel quartiere, definito difficile ma abitato anche e sopratutto da tanta brava gente e onesti lavoratori. Persone con precedenti di polizia tantissime, per lo più giovani, ma le famiglie che tenevano veramente in scacco Ponte Lambro si contavano sulle dita di una mano e i personaggi più significativi altrettanto. Non doveva essere molto difficile dargli una bella scrollata.

Dopo i segnali, i fatti. Questo pensava l'ispettore dei personaggi conosciuti e chiacchierati, da tempo liberi di fare il bello e cattivo tempo in questo lembo di territorio milanese il cui controllo pareva appartenere ai balordi.

Lo sguardo dell'investigatore si allungò su tutta la via e poi sui portici di ambo i lati. I civici dispari, quelli dove sostavano i tossici acquirenti, i civici pari, quelli da dove venivano e andavano gli spacciatori, utilizzando come eventuale via di fuga la vicina via Serrati Menotti e l'adiacente parchetto.

Faceva caldo, nonostante fosse tardo pomeriggio.

Il giorno prima, più o meno alla stessa ora, in quello stesso luogo, aveva fatto ancora più caldo. Il Mastino si sedette nell'auto civetta, con la portiera aperta, e fu pervaso dai suoi ricordi e da quello che aveva scritto e raccontato di quella zona e di quella gente.

Estrema periferia est della città, densità di tossicodipendenza e delinquenziale altissima, servizi insufficienti e centri di aggregazione praticamente inesistenti. I collegamenti con il resto della città erano appena adeguati. La perfetta ricetta urbanistica per sviluppare la criminalità.

Il quartiere consisteva in una striscia di abitazioni che dalla via Rilke si allungava su due direttrici parallele, la via Umiliati e la via Ucelli di Nemi, che sfociava nel piazzale Parea. La via Vittorini, ricavata da una parte della via ex Bonfadini a formare una sorta di base di questa specie di *imbuto*: qui ogni giorno si consumavano vite e speranze, ognuno andava alla ricerca del proprio paradiso personale e spesso trovava solo un inferno su misura. I frequenti matrimoni tra i giovani dell'"imbuto" accrescevano il livello di copertura da cui traevano beneficio i veri responsabili della vergogna. Elevato era il grado di sopportazione della gente onesta, che a volte collaborava ma con scarsa fiducia.

Lo smercio di siringhe e fiale d'acqua, vendute in gran parte dall'unica farmacia esistente, quella di piazzale Parea, era fiorente. Numerosi erano i "fuori di casa", i precari assoluti del buco, giovani che rimediavano la dose spacciando loro stessi piccole dosi. A Ponte Lambro era stato sperimentato anche lo spaccio con il sistema cosiddetto del "paracadute", ovvero la bustina assicurata da una molletta per stendere i panni lanciata dai balconi.

Anche "Rosa" era una dell'*imbuto*.
Bellissima, sposata giovanissima e con una figlia, aveva trascinato la propria vita con un ragazzo del quartiere, già drogato, poi divenuto suo marito. Aveva cercato una via d'uscita con il lavoro di commessa, ma a poco a poco il vizio l'aveva tirata sempre più giù. Nel tentativo di salvare il marito, si era persa annegando nell'eroina. Tentava di restare a galla ma una mattina di primavera l'aria le mancò. Era rimasta bella, il vizio non l'aveva ancora fatta sfiorire. Il marito la seguì qualche mese dopo, divorato dall'infezione.

"Orlando" invece aveva poco più di vent'anni, un ragazzo longilineo e riccioluto. Per non dispiacere ai suoi si era allontanato vivendo da "fuori di casa" nei portoni e nelle scale delle case popolari di via Rilke.

La sua dose la rimediava facendo la cresta su quelle che vendeva per mantenersi. Almeno due buchi al giorno, altrimenti stava male. Il Mastino, tempo prima, lo aveva preso con cinque dosi: lo avevano condannato a due anni e mezzo, in un processo celebrato a mezzanotte. Uscì dopo qualche settimana con la voglia di ricominciare, e tentò la strada della comunità. Fu vinto, però, dalla sua sfrenata ansia di libertà, e ritornò sui gradoni dell'asilo, altro punto di riferimento dei suoi pari. Fu sempre lui, Nicola Violante, a trovarlo agonizzante, dopo una miscela di droga e schifezza, forse polvere grattata dai muri. Nel guardarlo, si accorse che di lui conosceva solo le generalità, non sapeva di genitori o persone a lui care. Pianse per lui lacrime di amarezza. Ma non perse la speranza. Ce n'erano altri.

Anche Annamaria Di Maio si era persa in quel fiume di disperazione.

Drogata e spacciatrice, non aveva saputo decidere se essere vittima o boia. Carnefice di sé stessa, debole e minuta, si era lasciata andare a una vita d'istinto, quello sbagliato. Spesso accoccolata sulle sue gambe, quasi assente, appena vigile, la si ritrovava dappertutto nella zona. In quell'esistenza, Nicola l'aveva recuperata più volte riaccompagnandola a casa. Lei che doveva essere la più protetta, una delle rampolle di una famiglia tra le più chiacchierate e perseguite di Ponte Lambro, di sicuro stampo matriarcale più che mafioso, era caduta come gli altri insieme al suo fidanzato.

Una volta anche tra i binari del tram di viale Ungheria, con le auto che la sfioravano e la gente che le urlava appresso. Lei imperterrita proseguiva il suo viaggio, persa nei suoi fantastici pensieri di donna bambina, cresciuta in fretta e male, toccata e sfiorata da mani appiccicaticce di persone, anche di quelle che forse non vedeva. Ma la sua casa, nella sua mente, era da qualche altra parte, chissà dove. La sua famiglia, parecchi fratelli e sorelle, era originaria di Castellamare di Stabia. La madre lo ringraziava e piangeva per quella figlia ormai segnata. Al suo funerale furono in tanti. Molti i drogati che aveva rifornito, con cui aveva diviso falsi orizzonti e paranoici viaggi, conducente e passeggera dello stesso tram che però avevano perso, tutti quanti.

Ma il Mastino ricordava anche chi in qualche maniera aveva forse salvato.
Prima fra tutte "Sonia" una bruna spilungona con fisico da modella, che veniva da un quartiere "in", San Felice di Segrate, alle porte di Milano.
Giungeva all'"imbuto" in tarda mattinata accompagnata da un amico e a volte anche da suo fratello. Il Mastino l'aveva sorpresa a passeggiare con il suo cagnolino in via Monte Oliveto per prendere una dose. Poi l'aveva vista ancora sino a quando l'aveva beccata a confabulare con tossici e spacciatori della zona in via Ucelli di Nemi. Sonia non era una ragazza che passava inosservata e presto sarebbe caduta ancora più nella rete del vizio. Non le avrebbero chiesto solo del denaro.

La bloccò un pomeriggio in via Montecassino e nel corso del controllo le fece una sonora ramanzina, aiutato, nell'opera di convincimento, anche dai suoi colleghi di volante, Pierluigi Suino detto "Marwin" e Giovanni Doro detto "il Varesino". Fatto sta che Sonia non mise più piede a Ponte Lambro e tempo dopo Nicola Violante aveva sentito che si era rimessa e stava bene.
Fatti che si erano risaputi nel quartiere e che insieme ad altri avevano accresciuto il livello di considerazione nei suoi confronti, sfiorando la leggenda, tra episodi veri e altri completamente fantasiosi.

Vero l'episodio di una domenica mattina, quando con i colleghi, il nordico Giancarlo Righetto detto "il veneto" e il barese Vito Smaldino detto "bei capelli", dovette sottrarsi all'assedio della sua volante a seguito dell'arresto di tale "Daniele" un giovane spacciatore in via Ucelli di Nemi che nascondeva nelle mutande una decina di grammi di eroina.
I genitori del ragazzo, aiutati da altri familiari e via via da altra gente dell'*imbuto*, avevano tentato di far fuggire l'arrestato, già ammanettato nell'auto.

Il Mastino, freddo, era sceso dalla Giulietta e mitra in mano aveva urlato: «Venite a prenderlo». La folla arretrò e la volante guadagnò l'uscita dal quartiere.
Vero anche il tentativo di colpire la volante con una radio lanciata da un balcone. Sceso dall'auto, il Mastino si guardò intorno e ironicamente riportò il vecchio ap-

parecchio in casa presso una famiglia del quinto piano del civico 12. La sorella del ragazzo, autore del lancio, si scusò con i poliziotti inveendo contro il fratello: lo definì un "fuori di testa".

Un altro episodio che sicuramente aveva fatto presa nella memoria dei residenti era un inseguimento per le vie della zona tra la volante di Nicola Violante e una Fiat Tipo bianca, con a bordo quattro tossici del cremasco che l'avevano rubata poco prima. Non si fermarono all'alt, dando vita a una vera e propria gimkana tra i passanti. Imboccando in senso contrario la via Montecassino, l'auto sfiorava la gente che per evitare di essere investita si lanciava a terra come birilli. Due i colpi di pistola che erano stati necessari per porre fine all'inseguimento ed evitare conseguenze tragiche.

Uno centrò una gomma, l'altro ultimò la sua corsa sul parafango, a pochi centimetri dal serbatoio. Una vera fortuna che l'auto non fosse esplosa. Una fortuna per tutti; per i quattro tossici e per lui, con tutta Ponte a commentare e a fare il tifo per la polizia. Tanto "quelli" non erano dei "loro".

Falsi invece gli episodi che lo indicavano nella zona, in appostamenti vari, travestito da Babbo Natale o con indosso parrucche, vistosi occhiali e quant'altro. Quando lui agiva, non si nascondeva dietro a nulla.

E poi fu la volta di Tonino Acunzo, il napoletano, detto "l'ascensorista".[21]

Giunse nel quartiere mandato dalla sua ditta [22] per riparare gli ascensori, non certo di ultima generazione. Tra un intervento e l'altro pensò bene di dare una mano agli spacciatori dell'"imbuto", quelli che contavano.

Era già padre di due figli, avuti da Lina, una bella ragazza di buona famiglia, figlia di un pizzaiolo e di una casalinga, che stava in via Capecelatro a ridosso dello stadio Meazza, quando si era legato a Regina Di Maio, la sorella di Annamaria, una delle famiglie più "chiacchierate" della zona. La donna, abitava in via Tommei – zona Insubria - a sua volta già sposata e madre ma perennemente presente nel quartiere. La passione di Tonino Acunzo erano le auto ma sopratutto le pistole. Forse per avere più fiducia in sé stesso, forse per trovare il coraggio o più probabilmente per la troppa paura, incominciò il suo viaggio nel mondo della cocaina,

---

[21] Acunzo Antonio giunse nel quartiere come manutentore di ascensori da qui il nomignolo " L'ascensorista". Numerose le imputazioni a suo carico derivate dalle indagini svolte. Arrestato più volte ha scontato una lunga pena per una serie di reati, tutti compiuti a Milano tra cui un tentato omicidio e diverse rapine.. Nel 2011 dal carcere ove era detenuto, ha rilasciato una dichiarazione giornalistica, in cui si diceva pentito per i suoi trascorsi da malavitoso addebitandoli alla separazione dalla famiglia poiché si era invaghito di un'altra donna e a una serie di errori. In carcere ha sofferto la solitudine e l'abbandono. Rimase colpito dal suicidio di un detenuto nel carcere di San Vittore dopo che la moglie gli aveva scritto un biglietto annunciando che non sarebbe più andata a trovarlo rinunciando ai colloqui e che non gli avrebbe più fatto vedere i loro figli.

[22] Colombo

allontanandosi dal lavoro e dalla famiglia e legandosi sempre più ai malavitosi e alle ambigue donne del quartiere.

Giovani rampolli, appena adolescenti, formavano il suo seguito, soldati di un esercito di piccoli spacciatori che lui pensava di gestire non sapendo di essere gestito dall'alto.

Tonino Acunzo aveva la pistola facile, sparava a destra e a manca contro auto, finestre, porte e vetrine, a ogni sussulto o per uno sguardo che gli era parso un po' storto. Una sorta di rappresentazione per terrorizzare la gente, spavalderie cui si affidava per farsi un nome e tenere tutti in rispetto.

Sulle cabine degli ascensori vennero montate alcune cassette per nascondere la droga. Il Mastino non ci mise molto a intuire chi fosse l'installatore.

Ogni volta che a Ponte Lambro si sparava, era sempre il suo nome quello che veniva pronunciato per primo. In molti casi, risultò poi il nome giusto.

A Tonino Acunzo piaceva sentirsi il boss del quartiere: quando accadeva qualcosa lui voleva entrarci, in ogni maniera, per non essere tagliato fuori.

E alla fine ci entrò, direttamente in cella, dopo il ferimento grave e plateale di Mario Facchini, uno spacciatore di origine pugliese a cui spararono in mezzo alla via Ucelli di Nemi. Decine i testimoni, tutti parlanti ma assenti.

Era il 18 agosto 1995. Le indagini portarono anche all'arresto di Catello Di Maio, il mandante.

All'epoca era il personaggio emergente della zona, cresciuto all'ombra del fratello maggiore Raffaele. Appartenevano alla stessa famiglia tentacolare a cui facevano capo anche Annamaria e Regina.[23]

Per la verità molti di quella famiglia non erano mai entrati nelle inchieste giudiziarie, annotati per il solo fatto di essere iscritti nello stesso certificato anagrafico.

Il Mastino ricordava anche il padre, un uomo minuto e buono, offuscato dalla personalità forte della moglie, un uomo che spesso si fermava a parlare con lui mentre ritirava i sacchi dell'immondizia degli stabili, raccomandandogli di stare attento ai "balordi" che sparano. Una famiglia che si era fatta un nome più per le sceneggiate delle sue donne che per le realtà investigative.

Mario Facchini, rimessosi dopo il grave "incidente", scrisse una lettera al magistrato comunicando che Catello Di Maio e Tonino Acunzo non c'entravano nulla con il suo ferimento.
L'uscita dal carcere degli autori del fatto, indicati rispettivamente quali mandante ed esecutore, venne festeggiata insieme allo stesso Mario presso il ristorante pizzeria "La Grotta" di via Vittorini.

---

[23] Originari di Castellamare di Stabia

Ma la sorte di Mario Facchini evidentemente era segnata.

Nonostante i suoi tentativi di accreditarsi come "personaggio" in quella zona, una notte, nei pressi dei magazzini Metro, vicino alla strada Paullese, venne freddato, probabilmente mentre sniffava insieme con i suoi assassini.
Era il 30 ottobre 1996.

I suoi familiari corsero in questura chiedendo di fare giustizia e di arrestare gli autori, ma non fornirono alcun aiuto di tipo investigativo.
La risposta del Mastino fu secca: «*Noi la legge la osserviamo, non la confezioniamo*». I parenti di Mario uscirono dall'ufficio e non vi fecero più ritorno.
Il primo pensiero dei poliziotti era corso ad Acunzo l'ascensorista, ma lui aveva un alibi. Fu lo stesso Tonino a dire ai poliziotti del commissariato di voler parlare con Nicola Violante, il Mastino della Mobile.

Vito Albanese, l'amico ispettore del commissariato, lo chiamò e fu proprio Tonino l'ascensorista, a chiedergli di fare bene le indagini poiché lui non c'entrava nulla con quell'omicidio. In quel momento si trovava al bar latteria di via Vittorini e subito dopo si era recato a casa, in via Montecassino, dove lo attendeva la sua nuova fiamma, Rita, una ragazza del quartiere, con cui era andato a convivere da poco, dopo aver in-

terrotto la sua relazione con Regina Di Maio e lasciato definitivamente la moglie.

Gina Mascolo, di origine calabra, proprietaria del bar,
legata a un biscazziere della zona sopranominato pom-
posamente il "Sindaco" esperto nel gioco delle tre carte, confermò la versione dell'ascensorista.
Ma l'investigatore non si accontentò.

Riservatamente, quello stesso pomeriggio, in una stra-
dina, nei pressi del bar di via Mecenate dove lavorava,
avvicinò Rita e senza farsi troppo notare, le passò il
suo biglietto da visita, convocandola alla Mobile per
quando avrebbe terminato il turno. Rita, una bella ragazza dal viso pulito rientrata a Milano dalla costa ro-
magnola ove si era trasferita per un certo tempo, se-
parata con un figlio, usciva da una famiglia "normale",
con la madre bidella e il padre operaio, un fratello e
quattro sorelle.

In ufficio, qualche ora dopo, la ragazza, seppure con
qualche timidezza, confermò l'alibi del suo uomo,
l'ascensorista. Si mostrò grata per la delicatezza che il
Mastino aveva avuto nei suoi confronti, per non averla
cercata direttamente al bar, ponendola in difficoltà con
la proprietà.

Ma era la prassi dell'ispettore.
Mastino o non mastino, tutti andavano preservati, e

Rita, ritenuta dall'investigatore fuori dai giri del suo uomo, prima di altri.

Quelli di "Ponte" avevano già una loro nomea, figuriamoci se poi li cercava la polizia.

Gli informatori addebitarono l'esecuzione materiale dell'omicidio ad altri, ma tutti avevano la convinzione che Tonino Acunzo era a conoscenza del piano e si era creato un alibi.

Da quell'omicidio in avanti, sarebbe nata l'alleanza criminosa tra l'ascensorista e Franco Archi "il calabrese".

Originario di Rosarno, l'uomo si era costruito un personaggio: incuteva timore nel quartiere a suon di pistolettate, facendo inginocchiare i suoi nemici in strada spalleggiato dallo stesso ascensorista.

Ai due, poco dopo, si associò Enzo Archi, fratello di Franco, un ragazzo che, tutto sommato, lavorava onestamente come autotrasportatore. Forse non desiderava altro che sposare la sua brava ragazza, mettendo su casa a Stradella, in provincia di Pavia.

Ma la vicinanza del fratello e dell'ascensorista, insieme alla cultura della prepotenza e dell'ignoranza, ebbero il sopravvento: e anche Enzo, a poco a poco, imboccò il suo percorso di provetto malavitoso, lasciandosi gestire dal fratello e circondandosi, a sua volta, di giovani minorenni della zona, amici dei suoi nipoti sbalestrati, Biagio e Giuseppe, figli di Franco, bulletti già segnati dalla droga e dalle ruberie.

Dario Redaelli lo riportò alla realtà: «Ho finito. Possiamo andare».
Stava venendo sera. Rientrarono in ufficio, dove fecero il punto della situazione alla presenza di tutta la squadra che si occupava dell'indagine.
Dario salutò tutti e salì alla Scientifica.

Il Mastino, Gatto e Miri si rimisero a leggere le carte, Fausto Mazzini e Antonia Pierro erano rimasti fuori, in zona Ponte Lambro, per tenerla sotto pressione.

Il telefono squillò e l'ispettore rispose. Con sua sorpresa, data l'ora, si ritrovò a parlare con il magistrato che seguiva l'inchiesta che gli chiedeva a che punto erano le indagini. Aspettava una richiesta urgente di intercettazione di tutti i sospetti. Un altro segnale che si stava facendo sul serio.
L'ispettore non si fece pregare e confermò che a breve sarebbero stati in grado di presentare una richiesta motivata.
Stilò immediatamente il documento in cui chiedeva il controllo assiduo di Franco Archi, già sottoposto alla misura della vigilanza con obbligo di rimanere in casa la notte. Nicola Lupi, il capo della Omicidi, la firmò e subito la fece recapitare alla centrale operativa. Da quella stessa notte il personaggio malavitoso sarebbe stato monitorato.
Il Mastino telefonò alla centrale operativa a parlò con il funzionario di turno.

Fece rientrare subito Fausto e Antonia e insieme a Carmine stilò un elenco di persone da sottoporre a intercettazione, anche se non tutti da subito.

Dopo Franco Archi, indicò anche il cognato Antonio Allone che abitava sotto di lui, marito della sorella di sua moglie Rosa Sgrò, le mogli stesse e il fratello Enzo. Poi i figli, Biagio e Giuseppe, Tonino Acunzo, l'ascensorista e tutta una serie di persone che potevano essere utili alle indagini.
Nell'elenco anche parecchie donne, tutte legate o comunque vicine a personaggi ritenuti interessanti.

«Ma con i numeri come facciamo?», chiese Fernando Gatto, con un filo di voce, quasi parlasse tra sé e sé.
«Questo non è un problema. – fece Nicola Violante - ci bastano un paio di numeri, poi con i controlli incrociati rileviamo tutti gli altri. Avere il telefono di certi personaggi a Ponte Lambro non è un problema. Poi quelli che servono li teniamo, gli altri li stacchiamo e così andiamo avanti. In due mesi chiudiamo l'indagine.»

Violante, sorridendo, aprì una cartelletta ed estrasse un biglietto su cui erano annotati alcuni numeri associati a nomi.
«Bene, Carmine», disse, *«incomincia a chiedere questi, poi ci regoliamo.»*
Sapeva bene dove andare a pescare, il Mastino.

Fernando diede a sua volta uno sguardo a quella lista e si rese conto che la maggior parte dei numeri da intercettare erano già scritti su quel pezzo di carta.

Il servizio di intelligence del suo capo non si era mai fermato e funzionava sempre. Sbottò in una fresca risata che coinvolse tutta la squadra.

Erano da poco passate le ventuno e la richiesta di intercettazione era già pronta.

Lupi la visionò e la fece firmare al capo della Mobile, ancora presente in ufficio.

«Domattina», disse, *«la portiamo subito al pm, magari entro mezzogiorno partiamo, al più tardi nel primo pomeriggio.»*

«Sarà fatto», fu la risposta laconica del Mastino.
Anche quella giornata intensa e faticosa era al termine. Tutti presero le loro cose e salutarono.

L'ispettore Nicola Violante detto il Mastino no. Lui si attardò in ufficio finché non rimase solo, poi compose un numero. Dopo qualche squillo ci fu la risposta:
«Ci dobbiamo vedere, anche subito.»
«Va bene», fu la risposta dell'interlocutore: «Facciamo nella via dietro a quel centro, ci siamo capiti?»
«Sì, ho capito. Comunque, non dovessimo trovarci, abbiamo sempre i cellulari», concluse il Mastino. Poi agganciò.
Stava infilandosi la giacca quando venne raggiunto da

Fernando Gatto, che evidentemente non era ancora andato via.

«Dove stai andando? Vuoi che venga con te?»

«Non è il caso Nando, faccio io», replicò il Mastino: *«Ho bisogno di qualche conferma».*

«Ma non è pericoloso? Magari ti seguo da lontano, cosa ne dici?»

«Non preoccuparti. Pericoloso è sempre. Ma dobbiamo farlo, altrimenti non viviamo.»

«L'hai detto al capo?»

«No, l'ha detto lui a me stamattina di darmi da fare in qualunque modo, quindi è implicito che lo sa. Non possiamo andarci in tanti, in quella zona, altrimenti mi avrebbe fatto piacere farmi accompagnare da te!»

«Ma è una donna? Dimmi la verità!»

L'ispettore sorrise e lanciò: *«Donne! Sìii! Io pagooo! Io pagooo! In qualche maniera pagooo! Poi ti spiegherò! Ciao Nando, vai a casa, che poi domani ti dico tutto e faccio pure una bella annotazione. Okey?»*

«Okey», fu il saluto di Nando, per nulla convinto di quello che il suo capo e amico gli aveva detto.

L'ispettore raggiunse il suo coupé nero e partì piano. Era sua abitudine controllare sempre gli specchietti e fare giri di prova per snidare eventuali occulti inseguitori. Queste tecniche le aveva messe a frutto negli anni Ottanta, ai tempi del terrorismo, quando, seppur impegnato in compiti non proprio da prima linea ma di routine solo apparentemente noiosa presso l' aeroporto executive di Linate, aveva imparato a depistare eventuali attentatori. Mai tornare a casa usando lo stesso tragitto, mai arrivare in ufficio per la stessa strada e allo stesso orario. La parola d'ordine era differenziare, di tutto e di più. Quella metodologia gli era rimasta dentro.

Certo, andare a un incontro con una fonte rappresentava un rischio, aveva ragione Fernando: però se volevi il risultato, era necessario. Lui la maggior parte delle fonti preferiva incontrarle in ufficio, poi al massimo andare insieme a bere un caffè nei pressi della Questura, ma in certi casi era doveroso oltre che utile incontrarli altrove. Costasse quel che costasse.

Si era fatto un nome e non intendeva sprecarlo ora. Le sue fonti si erano sempre fidate di lui, non aveva mai riferito i loro nomi neanche a richiesta dei magistrati o sotto testimonianza, invocando la norma prevista. Questo aveva consolidato e accresciuto la fiducia verso di lui. Non aveva mai bruciato nessuno.

Se si rendeva conto che le fonti non erano attendibili le lasciava perdere, prima evitando e poi cancellando il contatto. Aveva una specie di sesto senso per le notizie e capiva subito se aveva di fronte un autentico informatore oppure un ciarlatano.

Non faceva mai promesse che non poteva mantenere. Ma se prometteva, era suo principio mantenere fede all'impegno. Il più delle volte gli veniva richiesto di accelerare qualche pratica di soggiorno per stranieri o di rilascio passaporto o telefonate a qualche datore di lavoro perplesso nell'assumere persone di quella zona, o cose simili. Tutte cose fattibili, nulla d'illegale. D'altronde i suoi informatori erano brave persone. A volte la sua presenza in certi posti poteva anche attirare la curiosità di qualcuno e dare adito a pettegolezzi, ma l'ispettore non ci faceva caso. Il suo principio era farsi raccontare tutto, ma proprio tutto. Poi era lui che scremava quel che non era rilevante. Per certe cose era sempre stato una tomba. Qualunque segreto con lui era al sicuro. Lo sapeva lui, e soltanto lui, così nessuno lo poteva tradire. Per lui il servizio non terminava con la fine del turno.

Le sue fonti gli raccontavano cose di ogni genere, fatti di rilevanza penale, pettegolezzi di condominio o di quartiere, talvolta anche cose assolutamente personali. D'altronde la fonte raccontava per assecondare il suo ego, per accaparrarsi un po' di merito. A volte ficcavano troppo il naso e toccava all'ispettore ricordargli di limitarsi all'essenziale, tralasciando le ipotesi e le valutazioni. «Chi se ne frega», diceva, «se per una cosa non si va in galera, a me non interessa!»

Raggiunse il parcheggio del supermercato in piazza Ovidio e parcheggiò in una zona limitante la strada, vicino ad altre auto. Scese a piedi e si incamminò per un vialetto interno, sulla destra, imboccando il marciapiede di fronte alla scuola. Quindi si infilò tra alcune siepi e passò dall'altra parte.

La fonte, un uomo, era lì, tranquillo e fumava. Lo vide arrivare e già da lontano lo salutò con una mano. Era ormai sera e la luce fioca non permetteva di vedere bene, ma i due si conoscevano e non avevano bisogno di identificarsi.

«*Bene*», fece l'ispettore, «*Cosa si dice in zona?*»

«Ma! oltre alle solite cose, si parla della sparatoria.»

«*Ah! E cioè?*»

«A sparare è stato Enzo, il fratello di Franco, il calabrese, che come sai abita al quinto piano, secondo palazzo a sinistra...»

«*Lascia stare questi particolari, lo so dove abita. Motivo?*»

La fonte prese un po' di tempo poi proseguì: «Pare che Antonio D'Iglio abbia mancato di rispetto a Enzo Archi, insomma quei due hanno avuto una lite un bel po' di tempo fa e se la sono giurata. Prima della sparatoria, Antonio in via Umiliati passando in auto ha incrociato Enzo e pare che si sono detti delle parole».

La fonte tirò di nuovo il fiato.

«Lo sai pure tu come sono questi calabresi qui! La mettono sul rispetto, sull'onore e che cazzo. Enzo è rientrato a casa e si è confidato con il fratello, Franco, che gli ha dato, come altre volte, l'ordine di sparare in maniera che poi qui nessuno osa alzare la testa. Enzo ha preso la pistola e ha piazzato i nipoti, Biagio e Beppe, assieme a un altro ragazzino a fare da vedette. Appena hanno visto Antonio arrivare, né due né tre, hanno fatto un fischio e quello è uscito e ha sparato.

«Franco intanto era sparito, per non far capire che c'entrava anche lui, mentre Enzo insieme a un nipote e al suo amico si è allontanato dal quartiere con la sua

Tipo bianca. Poi pare che lui si è presentato in Questura stamattina ma i poliziotti l'hanno mandato via. Come è possibile?»

«*È possibile*», rispose l'ispettore. «*Senza prove a verbale non possiamo arrestare nessuno. Anzi, Antonio D'Iglio ha detto che quello è un bravo ragazzo e che non c'entra nulla. Qualcuno deve averglielo chiesto, almeno credo.*»

«*Hai capito come funziona. Lo dico sempre che è più facile risolvere un omicidio che un tentato omicidio. I morti non parlano e non scagionano i loro assassini, i feriti invece guariscono e poi li fanno pure liberare. Ti ricordi Mario Facchini?*»

«Eh eh, come non me lo ricordo! Prima gli spararono, poi tirò fuori dai guai i suoi aggressori, e alla fine fu ucciso lo stesso. E sai bene come è andata. Anche allora si disse che c'entrava il calabrese, ma poi tutto finì e non se ne parlò più.»

«*Sì*», continuò l'ispettore, «*all'epoca puntai sul calabrese, ma in diversi mi parlarono anche di altri. L'impressione era che ognuno si voleva liberare di qualcun altro e quindi inevitabilmente si perse il filo. Anche l'ascensorista fu immischiato e mi fecero pure il nome di Ignazio che però, al momento, sembra fuori da tutto. Non lo vedo più in giro.*»

«No, sta tranquillo, ogni tanto ritorna e si mette con qualcuna, ma per quello che serve a te non c'entra niente.»

«*Be', con chi si mette non me ne frega niente ma se si*

muove fammelo sapere. Torniamo alla sparatoria e ai fratellini calabresi», incalzò il Mastino: *«Chi sarebbe questo ragazzino che sta con Biagio e Beppe Archi?»*

«Mah, è un ragazzo, avrà quindici, sedici anni al massimo. Un tipo robustello. Non lo so come si chiama ma lo trovi facilmente a Ponte. Lui gira con una macchinetta bianca, una di quelle che si guida senza patente. È sempre parcheggiata in via Serrati Menotti. Mi dicono che questo è un bravo ragazzo, ma allora che cavolo ci fa con i figli del calabrese?»

«Non lo so, vedremo! Comunque, se è un bravo ragazzo, vedrò di tenerlo fuori, magari avviso la famiglia. Meglio una sberla oggi che le manette domani. Be', qualcosa farò. Intanto lo devo trovare. Altri che si muovono?»

«Sì, sì», rispose l'informatore, «c'è la madre di Antonio che è fuori come un balcone! Sai quella ci ha il sangue caldo, mentre il suocero dice che vuole mettere tutto a posto, che vuole parlare lui con i calabresi e far fare pace a tutti!»

«Uhmmm», sospirò l'ispettore. *«Ma questo non si preoccupa di quello che è successo alla figlia e al nipote. Che pesce è, con chi vuole fare la trattativa?»*

«Non lo so, però vuole trovare un accordo.»

«Mi sa che a questo gli mettiamo le manette», fece laconico l'ispettore. *«Ma Carmela Cappiello e la madre che tipe sono, si possono avvicinare o c'è pericolo?»*

«Per la verità io madre e figlia non le conosco bene,

ma sai com'è, se poi lo viene a sapere Antonio D'Iglio magari chissà cosa pensa? Evita, lasciale perdere.»

«Va be', se mi dici di lasciarle stare, troverò un'altra strada», disse il Mastino a guisa di conclusione. Si salutarono e l'ispettore riguadagnò i giardini, mentre l'informatore prese dalla parte opposta e si diresse verso un parcheggio lì vicino. Dietro una siepe, al buio, non visto, il Mastino attese che l'uomo salisse in auto e rimase a guardare. L'auto gli passò vicino lentamente. A bordo il suo informatore e alla guida la sua donna. Sospettoso come sempre, Nicola Violante aveva voluto sincerarsi del comportamento della sua fonte, che comunque era venuto all'appuntamento accompagnato. Forse la sua donna era gelosa, non credeva a un appuntamento di quel tipo e voleva sincerarsi. Sì, sarà andata sicuramente così, pensò.

Raggiunse la sua auto e mise in moto. Quindi riaccese il suo cellulare che aveva spento e partì. In viale Mugello il telefono squillò. Accostò e rispose. All'altro capo una donna, conosciuta da tempo, anche lei originaria di Ponte Lambro.

«Scusa l'ora», esordì, «ma puoi parlare?»

«Sì, sono in auto, dimmi tutto!»

«Come stai!»

«Io bene, e tu?»

«Altrettanto.»

«Della storia di Ponte sai tutto o ti manca qualcosa?»

«Dipende», fu la risposta secca dell'ispettore.

«Allora vieni sotto casa, fammi uno squillo e scendo!»

«Okey, sto arrivando.»

Un'altra situazione al limite.

Stava già assaporando il sospirato riposo ed ecco un'altra fonte che per la verità non si faceva sentire da tempo. L'aveva conosciuta tempo addietro e sperimentata poche volte ma con efficacia. Era una campionessa del pettegolezzo, ma tra una chiacchiera e l'altra ci infilava la notizia. Non voleva apparire come una che canta con la polizia, perché lei aveva avuto amici importanti a Ponte, parecchi dei quali arrestati. Ma lei era sempre rimasta fuori da tutto e non si era mai drogata. Poi si era sposata ed era andata ad abitare fuori città.

La coupé nera infilò veloce la tangenziale est e superò Peschiera Borromeo, poi dopo una decima di minuti entrò nel paese, limitante la strada Paullese.

Sotto casa schiacciò il tasto verde del suo cellulare poi chiuse la comunicazione e attese.

Lei lo raggiunse, spettinata e con una tuta.

«Ho lasciato i bambini a letto, mi devo sbrigare», spiegò. «Velocemente ti dico che a sparare è stato Enzo Archi mandato dal fratello Franco, il calabrese. Il segnale lo hanno dato i nipoti che quando hanno visto l'auto di Antonio D'Iglio hanno fischiato. I proiettili li recuperano da una guardia giurata di via Umiliati. Tonino, l'ascensorista, è a Napoli agli arresti domiciliari e sta come un matto, perché vuole salire a Milano a dar man forte ai calabresi e Rita è incazzata di brutto perché non vuole. Infatti forse va lei da lui. Tonino comunque sale e scende quando vuole perché pare che a Napoli non lo controllano. Rita gli dice di farsi i cazzi suoi ma quello fa come gli pare. Poi, il padre di Carmela Cappiello e suocero di Antonio, sta cercando un accordo con i calabresi tramite il cognato di Franco, 'Ntonio sposato con Concetta Sgrò, che è la sorella di Rosa Sgrò, la moglie di Franco, e invita tutti a non parlare. È preoccupato perché le indagini le stai facendo tu e dice che in Questura ti ha visto molto convinto e che poi sei andato con la Scientifica al quartiere e hai bloccato la strada con le volanti. Secondo lui, l'unico pericolo sei tu ma se nessuno parla non puoi arrestare nessuno. Si fa delle illusioni, i calabresi e l'ascensorista stanno pensando a come fargliela pagare al genero e pure a lui. Un altro che si sta dando da fare è Franco De Luca, il camionista, l'ex marito di Concetta Alfano. A quello i calabresi gli hanno già sparato. Loro se la sono giurata anche perché hanno avuto delle storie, pare per motivi di donne. Sono preoccupati anche per la madre di Antonio D'Iglio che minaccia fuoco e fiamme. L'hanno sentita gridare nel portone che stavolta lo "schizzato"[24] li arresta a tutti. Lo schizzato, credo che lo sai già, saresti tu. Insomma diciamo che tre quarti di Ponte fa il tifo per te, comprese le "sorelle", hai capito?»

«*Sì*», mormorò l'ispettore, «*ho capito. Ma quella è una famiglia atipica. Si sono mescolati e poi se arresto il calabrese comunque faccio un favore a tanta gente, buona e cattiva. Comunque a te bisogna farti sempre*

---

[24] Nomignolo riferito a Nicola Violante

lo sconto, specie quando parli di certe persone.»

«No, no, quale sconto», prese a ridere la donna, «tu a Ponte sei nominato, le sento le voci in giro io, anche delle stronze! In pubblico fanno le schifate ma in segreto chissà quali pensieri fanno su di te, bello mio. Eh eh! *pensieri cattivelli!* eh! eh! tutti e tutte si aspettano qualcosa di grande. Datti da fare e arrestali tutti. Ce li hai i telefoni o ti serve qualcosa?»
«Per ora diciamo che sto bene così, poi eventualmente ti faccio sapere!»

«A proposito, lo sai che nel quartiere abbiamo una pornostar?»
«Questa poi! E chi è?»
«Una pugliesina, tale Laura, una tipa bassina, ha fatto un film porno, lei con tanti uomini. Probabilmente la cassetta doveva essere venduta all'estero ma a Ponte l'hanno scoperta e ora gira alla grande. Mah! Che figura! Se la vuoi vedere te la posso procurare oppure ti dico chi ce l'ha e tu con la scusa di un controllo la recuperi.»
«Uhmmm, da questo ho già capito chi è. Figurati se quel porcellone non ce l'aveva. Tra carburanti, olio, stereo e arbre magique ci ha infilato pure la cassetta vhs, non è vero? Sono sicuro, al cento per cento, lui ce l'ha! Comunque a me ora interessa la sparatoria. Ti risulta che con i figli del calabrese c'era anche un ragazzino che usa una macchinetta bianca che si guida senza patente?»

«No, questo non lo so e non conosco neanche questo ragazzino, se sono troppo giovani io non li conosco.»

Si salutarono. La donna scese dall'auto e rientrò in casa, l'ispettore risalì la Paullese in direzione di Milano, diretto a casa sua.

Nel tragitto pensò divertito al nomignolo che gli avevano affibbiato anni prima a Ponte Lambro, "lo schizzato".

In zona lo chiamavano così ma lui non si arrabbiava. Non lo riteneva offensivo anche se poteva far pensare, dato il termine, a una condizione diversa da quella effettiva. L'ispettore sapeva bene da cosa era stata originata quella parola e ne sorrideva.

Ai tempi della volante, nell'inseguire un tossico, era sceso dall'auto velocemente e lo aveva preso. Sotto al portico del civico 17 della via Ucelli di Nemi sostava Raffaele detto "lo splendido", un ragazzone di venticinque anni, con alcune sue amiche di viale Ungheria, tossiche come lui in attesa di acquistare la dose.

Al repentino scatto del poliziotto, Raffaele, napoletano, ebbe a dire «cazzo che schizzo» che voleva significare la rapidità mostrata nello scendere dalla volante e acciuffare il tossico, che a vederlo si era messo a correre. Da qui il nomignolo "schizzo", poi mutato con il passare del tempo in "schizzato", forse perché ai tossici piaceva di più in quanto termine usuale del loro linguaggio. Certo Raffaele non sapeva che l'ispettore, in gioventù, era stato un campioncino nei 100 metri ai Giochi della Gioventù, il più veloce della sua scuola, la Cesare Battisti.

Poi, dopo l'arresto di un serial killer, i colleghi, amabilmente, gli avevano affibbiato il nomignolo di "Mastino", rifacendosi alla vasta eco dei titoli e dei reportage giornalistici. Il collega Alessandro Battista, con cui divideva l'ufficio e che era poi diventato capo della Mobile di Lodi, scherzosamente gli aveva regalato anche una museruola recuperata chissà dove.

In piazzale Cuoco, il telefonino squillò ancora.

«Pronto, chi sei?», rispose distrattamente l'ispettore!

«Ciao, sono Vito Albanese! Senti, mi sono appena lasciato con la mia fonte. Come sei messo, ti disturbo o puoi parlare?»

«Guarda Vito, ho appena fatto la stessa cosa anch'io. Aspetta che mi fermo. Cosa hai saputo di bello?»

«Be'», cominciò a dire l'ispettore di Monforte, «a sparare è stato Enzo. A Ponte lo sanno anche i muri.»

«Sì, è la stessa cosa che so io. Senti», replicò il Mastino, *«domani mattina devi recuperarmi le carte di quando spararono a Franco De Luca, il camionista, l'ex marito di Concetta, quella che aveva la tintoria in via Vittorini.»*

«Sì, sì, ho capito. Ti recupero tutto e ti chiamo. Ma

perché, c'è qualche sviluppo?»

«Sì, voglio convocarlo e fargli mettere di nuovo tutto a verbale. Debbo sentire la balistica per le verifiche, caso mai la pistola che spara fosse sempre quella, poi mettiamo tutto insieme. Ti tengo informato. Ciao!»

«Ciao, a domani amico mio», fu il saluto di Vito, soddisfattissimo che le notizie combaciassero.

Nicola giunse a casa ed erano ormai le tre. Entrò in silenzio, ma la moglie lo chiamò facendogli capire che era sveglia.
«Guarda che ha telefonato Nando per sapere se eri rientrato. Ho tentato di chiamarti ma il tuo telefono risultava spento. Poi ho lasciato perdere. Lui però ha detto di chiamarlo a qualunque ora.»

L'ispettore compose il numero del cellulare del collega e amico e lo rassicurò: *«Sono rientrato, sono rientrato, cacchione di uno, ma come ti è venuto in mente di chiamare casa e far preoccupare mia moglie?»*
«Al cellulare risultavi irraggiungibile, allora ho pensato che eri rientrato e avevi spento il telefono. Comunque tutto bene, hai saputo qualcosa?»
«Sì, ho saputo quello che c'era da sapere, domani ti dico.»
«No, no, dimmi subito, chi è stato a sparare?»
«È stato Enzo Archi, okey, sei contento? Adesso doma-

«No, aspetto te per i fuochi d'artificio.»

«Ssssì, figuriamoci! Anzi, sai che ti dico? Che non so neanche se aspetti domattina o ti dai da fare subito. Comunque stiamo con i piedi per terra ché ancora non abbiamo combinato nulla. Siamo agli inizi. Ciao, buona notte.»

Era proprio notte. Nicola si mise a letto e stanco com'era si addormentò subito.

Nei giorni a seguire, altri informatori telefonarono. Tutti volevano dire qualcosa su quella sparatoria. E i telefoni, tenuti sotto controllo, non erano da meno.

Intanto Dario Redaelli aveva stabilito una cosa importante. La pistola che aveva sparato era la stessa che aveva fatto fuoco sulla porta di casa di Franco De Luca e sul suo scooter parcheggiato nei pressi. Era successo l'11 settembre 1999.

In quell'occasione Franco aveva dichiarato che a sparare era stato Enzo Archi, mandato dal fratello. Furono fatte subito le perquisizioni del caso ma senza alcun esito, e la traccia alla fine fu lasciata cadere. Forse all'epoca il camionista non fu creduto fino in fondo perché era risaputo il suo livore verso il calabrese e la sua famiglia.

Tonino Acunzo, l'ascensorista, telefonava in continuazione alla sua donna.

Rita, dal suo canto, continuava a dirgli di stare fuori e a non immischiarsi con i calabresi, perché la polizia li teneva sotto controllo, dicevano tutti, e forse tenevano sotto controllo anche loro due. «Evitali», gli diceva.

Ma Tonino non si lasciava convincere. Parlava di tutto e di più con vari personaggi di Ponte, e soprattutto parlava a ruota libera con Franco Archi.

«Devi mettere sotto i negozi», diceva, «altrimenti quelli non ti danno un cazzo. Sei andato a quello della pizzeria di viale Ungheria, anche lui deve "mettere".» Insomma Tonino esortava Franco a chiedere mazzette in cambio della loro protezione.

Franco Archi diceva di fare il possibile: che tradotto significava - ma Tonino non lo sapeva - chiedere a sua madre di mandare qualche uomo dalla Calabria a dargli man forte. Insomma si era rivelato un mammone, uno che confidava alla genitrice ogni sua preoccupazione.

«Se queste cose si sapessero a Ponte, altro che boss e rispetto», pensava l'ispettore, *«gli pisciano in testa a questo!»*

Anche Rosa Sgrò, la moglie di Franco, faceva il possibile per tenere il marito in casa, chiamandolo ogni volta che vedeva una volante in giro, a costo di inventarsi qualche inesistente controllo in zona per convincerlo a rientrare.

In queste intercettazioni i criminali rimediavano tutta un'altra figura rispetto a quello che si immaginava la gente comune o a quanto scrivevano i giornali.

I poliziotti si facevano un sacco di risate ascoltando le registrazioni, specie quando Tonino Acunzo e Franco Archi si raccontavano a vicenda di controlli subiti, il più delle volte inventati.

Infatti Tonino, a Napoli, su richiesta della Mobile di Milano, aveva subito solo due controlli da parte dei carabinieri. Nel primo risultò assente, poiché venne accertato che era appena giunto a Milano con il volo AirOne di andata e ritorno, prenotato con il cognome della ex moglie. Era stato costretto a ripartire lo stesso giorno, a rotta di collo, dopo aver appreso dalla madre del controllo dei carabinieri.
Nel secondo venne regolarmente trovato in casa. Subito dopo, pensò bene di partire per Milano, sempre in aereo e con lo stesso sistema, ovvero con la prenotazione telefonica. Il motivo era la sua gelosia verso Rita ma anche la richiesta pressante di Franco Archi che voleva sistemare le cose. Probabilmente temeva la reazione di Antonio D'Iglio e non si fidava del suocero.

Fu chiaro, Tonino: «Mo' me ne vengo a Milano e il parlamento a quelli glielo faccio io!» "Quelli" erano Antonio e il suocero.
«Bene», era stata la risposta di Franco, «vieni subito, ché poi riparti in fretta.»
L'ispettore si attivò immediatamente. Si mise in contatto con i colleghi di Napoli Capodichino e fornì loro tutte le indicazioni possibili. Tonino Acunzo giunse all'aeroporto

all'ultimo minuto ma al check in, venne bloccato dagli agenti e arrestato per evasione dagli arresti domiciliari. Il giorno dopo, ultimato il rito della direttissima, venne ricondotto a casa con il ripristino della stessa misura.

La sera prima Rita lo aveva atteso invano agli arrivi all'aeroporto di Linate, sotto osservazione della Mobile. Non riuscì a sentirlo per tutta la serata e realizzò che lo avevano preso. La conferma la ebbe quando Tonino rientrò presso l'abitazione della madre.

«Te l'avevo detto di startene calmo. Cosa dovevi venire a fare a Milano. Vengo io da te quando posso. Devi stare lì e non muoverti, hai capito?»

«Sì, ho capito», rispondeva Tonino, per nulla convinto. La polizia intanto lavorava ai fianchi di tutti quelli che potevano entrare in gioco, isolando sempre più i due fratelli calabresi.

Venne fatta fare una perquisizione in casa di Massimiliano, detto "Massimino il bello", fratello di Rita, poiché Tonino continuava a chiedere al cognato di tenere da parte quelle cose. Presumendo che potesse trattarsi di armi, scattò la perquisizione che ebbe esito negativo, ma convinse Rita a tenere ancora più distante il suo uomo da Milano.

Rita infatti, aveva capito subito che dietro quella perquisizione e diversi controlli subiti dal fratello in zona, poteva esserci l'ispettore. E lo disse senza mezzi termini a Tonino.

«Tu la devi finire di chiacchierare per telefono, mi sa che quelli ti sentono.»

Tonino seguì il consiglio della sua donna e cambiò subito scheda telefonica. Prima di farlo però, chiamò tale Michele, uno dei suoi ragazzi di Ponte Lambro e un altro detto "Totti", un garagista di viale Ungheria, comunicando il numero della nuova scheda. In men che non si dica, quella nuova utenza di Tonino Acunzo venne posta sotto controllo, forse ancor prima che lui stesso cambiasse scheda.

Intanto un amico di Antonio D'Iglio, a conoscenza di parecchi particolari sulla vicenda, venne portato alla Mobile e si sfogò. Disse tutto quello che sapeva e accusò senza mezzi termini Franco il calabrese.

Suo fratello Enzo era solo un esecutore, era Franco che voleva far male ad Antonio.

Dal suo balcone, al primo piano, aveva sentito chiaramente i discorsi preparatori fatti tra i due fratelli sotto il porticato e mise tutto a verbale.

«Se firmo tutto questo, però, io debbo sparire dal quartiere. Ho una famiglia.»

Gli venne promesso che avrebbe cambiato casa e firmò.

Anche Franco De Luca, il camionista, confermò le precedenti accuse e mise tutto a verbale: «Vengo a testimoniare in tribunale e sono pronto a firmare la mia deposizione con il sangue.» Nel dirlo mostrava i polsi. Anche lui aspettava la sua rivincita.

Poi, fuori verbale, ammise che tra lui e Franco il calabrese vi era attrito, da tempo. Parlò di donne, di tradimenti risaputi in zona e della sua ex moglie.

«Poi, ispettore», concluse, «quando Maria, la figlia di Franco, mi vede in giro mi insulta e mi mostra il dito medio. Io a quella se la prendo gliela faccio pagare.»

«*No*», fu la risposta secca del Mastino, «*tu la ragazzina la lasci stare qualunque cosa faccia. Quella avrà a malapena quindici anni, è una bambina e coi bambini non te la devi pigliare mai. Perciò non ti avvicinare, altrimenti vengo a prendere anche te!*»

Franco De Luca deglutì al tono duro del poliziotto, poi osservò, con tono mellifluo: «Sì, una ragazzina, proprio! La sa lunga quella! Ma che fa ispettore, si mette a proteggere la figlia del calabrese?»

«*Io non proteggo nessuno ma tu non ti avvicinare a lei. Non hai scusanti e io non te ne darò. Se la tocchi sei fatto. Uomo avvisato! Ora puoi andare, ci vedremo in tribunale e non dire in giro che sei stato qua.*»

L'ispettore sapeva che Franco il camionista era uno che con le donne ci tentava sempre. Di lui si parlava nell'*imbuto*, delle sue storie vere o presunte, delle sue liti con la ex moglie e quant'altro, ma le indagini erano un'altra cosa e l'ispettore decise di non pensarci più. Aveva confermato quello che aveva detto mesi prima e questo contava. Un altro obiettivo era raggiunto.

Il capolavoro però lo compì Enzo Archi stesso verso la fine di giugno.

Tenuto in disparte dal fratello maggiore, Enzo prese a

telefonare a Tonino Acunzo con più frequenza sino a quando, un pomeriggio, nonostante le raccomandazioni del napoletano, gli raccontò per filo e per segno quello che aveva combinato e come era stato organizzato l'agguato.

Tonino a sua volta, solleticato dal suo interlocutore prese a raccontargli a sua volta di come aveva fatto abbassare la testa a più di una persona nel quartiere. Chiuse la comunicazione dicendo a Enzo di stare attento e di aspettare il suo arrivo a Milano.

Era trascorso circa un mese dall'inizio della storia.

Antonia Pierro arrivò trafelata in ufficio direttamente dalla sala ascolto, con in mano un registratorino.

Prendendo fiato, si rivolse all'ispettore e a tutti gli altri: «Sentite, sentite subito!»

Nicola Lupi, il capo della omicidi, Nicola Violante e tutti, ascoltarono più volte la telefonata tra Enzo Archi e Tonino Acunzo.

«Benissimo», fece l'ispettore: *«Abbiamo le testimonianze, le relazioni balistiche, lo studio dei tracciati dei cellulari di Franco e di Enzo, più questa conversazione che è una vera confessione. C'è tutto, li abbiamo in scacco».*

Nicola Lupi si precipitò dal capo della Mobile insieme a Nicola Violante, poi venne informato subito il magistrato.

L'ispettore non perse tempo. «*Antonia, tu occupati delle trascrizioni. Questa la voglio integrale. Io intanto butto giù l'informativa.*» C'era tutto.

Il tracciato del telefono cellulare di Franco il calabrese, era un autentico puzzle, ma ormai completo in tutte le sue tessere.

Infatti, più o meno all'ora della sparatoria, il suo telefono cellulare agganciava la cella di Linate paese – quindi lui in quel momento si trovava in zona Ponte Lambro – mentre in tempi immediatamente successivi agganciava la cella della zona Argonne, poi Piazzale Susa, per poi passare alla cella di via Marignano, zona Corvetto, in fase di rientro verso il quartiere, tagliando per San Donato Milanese, poi ancora la cella di Linate paese. Molte le telefonate prima e dopo il fatto, al fratello e alla madre, in Calabria.

Lo studio del tracciato, associato agli orari indicati, con una sfasatura massima di due minuti prima e dopo, consentiva quindi di delineare passo per passo i movimenti di Franco il calabrese. Una mappa precisa e meticolosa. Un'altra prova che si andava ad aggiungere al mosaico investigativo e che riscontrava quanti dicevano che dopo aver organizzato l'agguato ad Antonio D'Iglio, si era allontanato dal quartiere per farvi ritorno più tardi, visto che aveva l'obbligo di rientro in casa alle 21:00.

Il capo della Mobile, Gigi Savina lesse la nota informativa e firmò, soddisfatto. «Non manca nulla, mi sembra», commentò: «Anche questa volta abbiamo centrato».

I ragazzi della squadra erano esausti ma contenti.
Ma il Mastino non voleva farsi mancare nulla in questa indagine.
Insieme a Fernando Gatto si mise dunque a rielaborare, in forma analitica, tutti gli avvenimenti più significativi in tema di sparatorie che avevano colpito Ponte Lambro.

Nella notte del **7 settembre 1995**: colpi d'arma da fuoco contro le finestre del primo piano degli stabili di via Ucelli di Nemi nr. 23 e 25;

16 novembre 1996: esplosione di colpi contro la saracinesca della pizzeria "La Grotta" di via Vittorini;

26 novembre 1996: colpi d'arma da fuoco contro lo stabile di via Serrati Menotti nr. 29, ove dimoravano i proprietari della casa di via Montecassino, abitata da Tonino Acunzo e la compagna Rita;

11 dicembre 1996: esplosione di una bomba carta davanti all'agenzia di pompe funebri di via Montecassino;

28 dicembre 1996: gambizzato Ronny Cazzaniga, buttafuori della discotesca Splash di via Natale Battaglia a Milano, zona Loreto. Si disse che Tonino Acunzo sarebbe intervenuto a seguito di una precedente lite tra Massimino – fratello di Rita - e suoi amici e gli stessi addetti alla sicurezza. Venne identificato e riconosciuto in foto, nel giro di qualche ora, dalla vittima e altri astanti. Qualche mese dopo, al processo, Ronny non se la sentì di confermare il riconoscimento e l'ascensorista venne scarcerato. Fuori dall'aula il buttafuori, grande e grosso, probabilmente impaurito da alcune minacce ricevute, chiese scusa all'ispettore che gli sorrise: *non fa niente, lo prendiamo un'altra volta.*

23 aprile 1997: colpi di pistola contro la saracinesca dell'edicola di via Umiliati, di proprietà di Rosanna Porchera, moglie di un carrozziere con officina nella zona e tenuto sotto scacco dal calabrese;

14 maggio 1997: colpi d'arma da fuoco contro la saracinesca dell'agenzia di assicurazioni di via Monte Oliveto. Tonino Acunzo ne era cliente;

5 gennaio 1998: spari contro il nomade italiano Emanuele Cirillo e la sua Bmw in via Umiliati;

14 settembre 1998: perviene alla Mobile, una lettera con il messaggio : «Chi spara a Ponte Lambro si chiama A…i - riferibile al cognome di Franco il calabrese;

29 maggio 1999: spari contro Ridha, nordafricano, nei giardini di piazzale Martini;

11 settembre 1999: spari contro l'abitazione e lo scooter di Franco De Luca

26 maggio 2000: quelli contro Antonio D'Iglio e la sua famiglia.

Un'impressionante sequela di sparatorie, da addebitare principalmente, al calabrese Franco Archi e a Tonino Acunzo, l'ascensorista, casi di cui si era occupato quasi sempre in prima persona. L'ispettore rilesse la lista e la allegò al rapporto da inviare al magistrato.

7 luglio ore 4:00: li presero in casa, in via Ucelli di Nemi al quinto piano. I due fratelli si guardarono l'un l'altro, impauriti e sbigottiti. Era successo davvero. Avevano le manette ai polsi. Erano arrestati. «Chi ha parlato», urlò Franco, senza sapere che a parlare più di tutti era stato proprio suo fratello. L'ispettore fu tentato di dirglielo, ma poi non ne fece nulla.
Biagio e Giuseppe, seduti su un divanetto non parlavano e guardavano il padre, ammutoliti. Pure Natale, il figlio più grande, da sempre fuori da tutti i giri e le ruberie, era esterrefatto. Come le sue sorelle Maria e Lucia e l'altro fratellino che si arrampicava dappertutto. Rosa Sgrò, moglie di Franco, non disse nulla, annichilita. Fecero la perquisizione in una casa piena di letti, che meritava di essere tenuta meglio. Non trovarono nulla, trascinarono i due calabresi in strada e li fecero sedere su due volanti diverse, intervenute insieme alle auto della

Mobile. Era giorno fatto quando le sirene annunciarono l'evento, allontanandosi dal quartiere. Erano trascorsi solo 41 giorni dall'ultima sparatoria. Il cerchio si stava chiudendo. Alcuni mesi dopo Enzo e Franco Archi vennero condannati a pesanti pene detentive.

Enzo, venne poi trasferito in un carcere più vicino alla Calabria, per consentire alla madre di fargli visita. Sul suo volto brucia ancora l'irriverente messaggio della madre di Carmela Cappiello, shockata dalle rivelazioni degli investigatori nell'aula del tribunale.

Infatti, mentre Enzo Archi, scortato dagli agenti della polizia penitenziaria, stava per essere tradotto dall'aula del processo al carcere, la donna, trovando quel coraggio che non aveva contraddistinto tanti altri in questa vicenda, in pieno corridoio gli si era avvicinata e gli aveva sputato in faccia.

Un gesto eloquente che mostrava chiara la caduta di potere dei due calabresi nel quartiere.

La fidanzata di Enzo, assente alle udienze, ha promesso che l'aspetterà e che lo sposerà, ma ha paura di dirlo ai suoi genitori.

Rosa Sgrò, moglie di Franco, lavora presso una mensa. Faceva regolarmente visita a suo marito, in carcere, e nel contempo ha cambiato casa e zona.

Concetta Sgrò, sorella di Rosa, abitante nello stesso palazzo, è riuscita a tenere il proprio marito, 'Ntonio lontano dalle tentazioni malavitose del cognato e dalle indagini della polizia che pure lo avevano interessato, organizzando il loro definitivo rientro in Calabria.

Natale, figlio maggiore di Franco, nessun precedente, ha lasciato la casa dei genitori tentando di rifarsi una vita per suo conto lontano da quegli ambienti.

Maria, una delle figlie di Franco, venne qualche tempo dopo arrestata in via Ripamonti insieme ad altre sue amiche per aver rapinato la borsa a una signora. Venne seguita dai servizi sociali.

Giuseppe nel frattempo ha avuto una figlia da Michela, una ragazza della zona.

Biagio entrava e usciva da una comunità per tossicodipendenti.

Il ragazzino della macchinetta bianca con guida senza patente venne identificato e interrogato dalla polizia, quindi affidato ai genitori. Non venne perseguito.

Antonio D'Iglio e il suocero vennero indagati per favoreggiamento.

Tonino Acunzo, detto l'ascensorista, dopo questi fatti, rientrò furtivamente a Milano ma su segnalazione dell'onnipresente ispettore Nicola Violante, informato dalle sue fonti, venne arrestato in casa dei genitori di Rita in via Ucelli di Nemi. Qualche giorno prima l'ascensorista, alla guida dell'auto della sua donna, una Twingo Renault, era sfuggito a una pattuglia in borghese del commissariato di zona, che lo aveva intercettato in viale Ungheria e vanamente inseguito e successivamente pure a una pattuglia della stradale, facendo fingere, all'atto del controllo, un malore a Rita che si diceva incinta. La sua compagna non venne comunque perseguita.

Scaduti gli arresti domiciliari, Tonino Acunzo rientrò a Milano e venne ancora arrestato, per una serie di rapine a banche del nord Italia, compiute con la complicità di Gaetano di Rozzano, Francesco della zona Ovidio, Aldo di piazzale Martini e Salvatore di Lambrate.
Le indagini presero il via a seguito di notizie confidenziali ricevute dal Mastino e da intercettazioni sui telefoni dell'ascensorista.
A queste imputazioni a carico dell'Acunzo, si giunse sulla base delle ulteriori investigazioni, svolte ancora da Nicola Violante, dopo i tentati omicidi di un nordafricano e di Catello Di Maio, con cui Acunzo, nel contempo, era entrato in contrasto per il controllo dello spaccio nella zona.

L'indagine, già avviata a seguito degli spari contro Antonio D'Iglio e la sua famiglia, venne poi concretizzata con l'arresto di tutta la banda e rappresentò la fine della "carriera" di tutti i malavitosi arrestati, condannati a lunghe pene detentive.

Rita, ha cambiato casa. La donna decisa ha preso forse il posto di quella timida e un po' impacciata che era prima: l'esperienza l'ha fatta maturare. Lavora presso una società di servizi, intenzionata a rifarsi una vita il più possibile serena, aiutata dalla sua famiglia e tentando di farsi dimenticare dalla polizia e dagli avvocati.

Al termine del processo, Luisa Esposito, madre di Antonio D'Iglio, si presentò negli uffici della "Mobile" e donò a Nicola Violante una pantera. Il gesto, venne apprezzato e, da quel giorno e ancora oggi, quella scultura, è presente sulla sua scrivania. Lui, per come l'aveva conosciuta e si era relazionata, mentalmente, l'aveva idealizzata nella femmina "esemplare" quale madre, moglie, compagna, amante, clemente, accudente, coraggiosa. Da quel giorno non si sono più rivisti.

Venne identificato l'uomo soprannominato "Totti", un garagista di viale Ungheria in combutta con Acunzo e che insieme ad Eros, di Usmate Velate - all'epoca sposato con una ballerina di lap dance di Ponte Lambro - e altri compari, rubava auto per rivenderle, dopo averle fatte truccare nella sua rimessa.
Tutta la gang venne arrestata.

In via Umiliati: due guardie giurate; amici dei fratelli Archi vennero individuate. Uno di questi, con Enzo, stava macchinando un falso incidente, senza riuscirci; il bar cambiò gestione e il carrozziere, solo conoscente a suo dire di Franco, ma di fatto sotto protezione, cedette l'attività.

Il testimone che aveva udito i fratelli Archi organizzare l'agguato ai D'Iglio, come promesso, cambiò casa.

I venditori ambulanti oggi girano per il quartiere sereni e non pagano alcun "pizzo". La ditta di ascensori da cui dipendeva Tonino Acunzo è stata sostituita.
L'Ispettorato Aler entra nel quartiere senza remore e vi ha messo pure un ufficio.

Tutta la gente onesta di Ponte, con l'uscita di scena dei due calabresi, di Tonino l'ascensorista, Catello Di Maio e qualche altro loro compare, ha tirato un sospiro di sollievo. Da oggi hanno un problema in meno e una speranza in più.

I tossici cercarono altri luoghi per rifornirsi delle dosi quotidiane abbandonando i portici della via Ucelli di Nemi ove erano soliti sostare.
Quell' *imbuto* divenne un po' meno traboccante. Nonostante qualche scritta contro la Polizia apparsa sui muri, tutto il quartiere venne restituito alla legalità.

Sino al prossimo blitz…!!!

Milano Bang Bang

"Milano Bang Bang"
della collana di cronaca nera e detective story
"I Mastini della Mobile" tratto da "La Mobile"
aggiornato e rivisitato,
con diritti, ad oggi, detenuti dall'autore.

EXPLICIT
Milano Noir

Qui si racconta la Milano noir di Nicola Violante, quella che lo ha fatto innamorare di questa città, ove è giunto a venti anni, piangente e smarrito.

Milano era squassata dai terroristi, da bande criminali e la vita era difficile, proprio sotto il profilo delle relazioni sociali.

Non dovevano dire che lavoro facevano, il loro vero nome, non dovevano frequentare determinati ambienti, possibilmente, non uscire mai da soli e, comunque, sempre assolutamente armati. Ha conosciuto la moglie con un nome falso. Cresciuto in fretta tra attentati che facevano tenere gli occhi aperti anche quando si appartavano con le ragazze in auto, sempre con una mano sulla pistola.

Milano, agli inizi degli anni Ottanta, emerse come centro nevralgico della malavita organizzata: le cosiddette "mafie".

La lotta al terrorismo aveva distolto un po' l'attenzione. Mentre si era impegnati in quella "guerra", il malaffare prosperava e i malavitosi giravano quasi indisturbati.

All'ombra di quelle tragedie crebbero svariati banditi tra cui il noto Renato Vallanzasca. La cronaca e la puntuale filmografia di quelli anni descriveva la città come territorio di conquista e depredazione.

Il circuito delle bische clandestine venne monopolizzato da Francis Turatello e a seguire da Angelo Epaminonda e, poi, Jimmy Miano, con allestimento delle sale gioco in lussuosi appartamenti o quelle organizzate a "cielo aperto". Le più note erano quelle della stazione Garibaldi, di piazzale Lotto, degli spazi antistanti l'ippodromo e di via Palmanova.

Gli enormi introiti venivano, poi, reinvestiti nel traffico di droga e nell'acquisto di armi e munizioni. I clan proliferavano in città e in tutta la Lombardia, richiamandosi alle mafie storiche, ovvero, la 'ndrangheta, la mafia, la camorra e la sacra corona unita a cui erano legati per via di affiliazioni e matrimoni incrociati.

La sua città natale, Bari, è sempre nel suo cuore, ma le sue vite le ha vissute e le continua a vivere qui a Milano, una città che lo ha fatto innamorare, lentamente, come una donna che ti fa capire che ti desidera e aspetta che sia tu a fare il primo passo, pur dandoti, comunque, dei segnali.

Protagonisti
(in ordine casuale)

Nicola Violante, - Ispettore Superiore/Sostituto Commissario – detto "Mastino" poiché non molla mai, istintivo, determinato e deciso, barese, fisico snello, alto 1,81 capelli ricci e fluenti, da adolescente era stato un atleta velocista nella breve media distanza e successivamente, in gioventù, anche provetto ballerino di balli moderni. Altro nomignolo che gli è stato affibbiato è "Miami Vice" con accostamento ai detective di quella serie americana, per la sua eleganza nel vestire e nel portamento, ma soprattutto per le modalità di azione.

Fernando Gatto - Ispettore - detto "Micio" una derivazione del suo cognome; nato in Germania ma di origini salentine, alto e snello con capelli irti, lucidi e corti modello "Diabolik" che lui assicurava nerissimi di natura, rispondendo agli sfottò di amici e colleghi che gli chiedevano se ogni mattina li trattava con il lucido da scarpe;

Miri Carmine detto "Nervo" originario del Salento, intelligente e scaltro; altezza media e fisico longilineo; Antonia Pierro – Agente – salernitana, con una mise riccioluta da leonessa, decisa e caparbia oltre che capricciosa, particolarmente abile nelle intercettazioni telefoniche e ambientali;

Fausto Mazzini detto il "boxeur", milanese, con un fisico piazzato, ma non grasso, altezza media, capelli corti e scuri, ex camionista;

Monica Cerro, – impiegata civile – addetta all'archivio, lombarda, alta all'incirca 1,60, di corporatura robusta con capelli chiari tendenti al mosso, veste in maniera semplice.

NOTE SULL'AUTORE

Celeste Bruno nato a Bari, originario dei quartieri Madonnella – Japigia, milanese d'adozione.

Commissario di Polizia, dopo la formazione, a Milano,prima come poliziotto di frontiera aeroportuale, poi alla Squadra Volante e per oltre un ventennio alla Squadra Mobile.

Ha investigato su omicidi, sequestri di persona, prostituzione, tratta di esseri umani e crimine organizzato, nazionale e internazionale. Brillanti operazioni svolte in tutta Italia e all'estero, attestate da onorificenze ed encomi. È ritenuto uno stratega, con risoluzione della quasi totalità dei casi indagati. Tra questi i più noti delitti quelli di Marina Scrigna, Bob Caselli, Graziella Girgenti e il triplice omicidio compiuto dal primo serial killer certificato in Italia. Centinaia i sequestri di immobili tra appartamenti, esercizi commerciali, centri estetici e club privè, derivati dalla sua attività investigativa. Tante le donne liberate dai loro aguzzini. Le operazioni "Meeting Stop"; "Silva"; "Ponte Lambro"; "Faenza Commandos" e quelle condotte tra Libia, Crotone e Milano denominate "Kafila" e "Al Matba", le sue più note indagini; oltre all'arresto di un bancarottiere israeliano e la disarticolazione di clan criminali di stampo mafioso e di spessore internazionale. Detto il *"Mastino"* e *"Miami Vice"* con accostamento ai detective di quella serie americana, per la sua eleganza nel vestire e nel portamento ma soprattutto per le modalità di azione.

Opinionista televisivo, scrive per " Noi cittadini per la Sicurezza" organo di informazione ufficiale dell'Associazione Poliziotti Italiani; vari blog e diverse testate edite on line.

Nel 2004 ha pubblicato con Michele Focarete cronista del Corriere della Sera **"Milano ad ogni ora"** (Biblioteca dell'Immagine) nel 2009 con Paolo Brera **"La Mobile"** * (Mursia) nel 2010 **"L'artificiere"** * (Altravista) nel 2013 **"Ti Sparo"** * (Cicorivolta) nel 2014 **"La Torre Saracena"** * (AbEditore) nel 2015 **"Via Schievano…Per non dimenticare"** (videoclip PVS) nel 2016 **"Oscuri Riflessi"** * (AbEditore) nel 2017 **"Kafila"** * (AbEditore) nel 2019 **"Trafficanti – Nar-**

cos Milano" (EV – Editore Virgilio con riedizione della WE nel 2020) **"Milano GANGSTER"** Edizioni WE 2021.
Nel 2024 la riedizione aggiornata di **"Ti Sparo"*** edita da Edizioni WE.

Ha, inoltre, dato vita alla collana di *detective story* **"I Mastini della Mobile"** (Edizioni WE) con pubblicazione de **"Il morso del mastino"**(2023),**"Controindagine"** (2023), **"Doppia vita"** (2023) e **"Milano Bang Bang"** (2025).
In scrittura **"Manette Facili"**.

I **diritti editoriali** dei titoli contrassegnati da questo asterisco * sono detenuti esclusivamente dall'autore.

"Doppia vita"

INDICE

**Pubblicazioni della
collana di cronaca nera
"I MASTINI DELLA MOBILE"**

Il morso del mastino

Controindagine

Doppia vita

Milano Bang Bang

◆

**I libri sono disponibili sul sito di Edizioni We,
su Amazon, nei principali stores online e,
su ordinazione, nelle principali librerie ed edicole.**

www.ingramcontent.com/pod-product-compliance
Lightning Source LLC
Chambersburg PA
CBHW051214160726
47994CB00002B/593